Will De-globalization Disrupt
Banks' International Expansion?

风云渐起　图之未萌

——2020年全球银行业国际化报告

2020 Bank Internationalization Report

贲圣林　俞洁芳　顾　月　等◎著

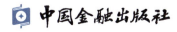

中国金融出版社

责任编辑：吕　楠
责任校对：孙　蕊
责任印制：陈晓川

图书在版编目（CIP）数据

风云渐起　图之未萌：2020 年全球银行业国际化报告／贲圣林等著.
—北京：中国金融出版社，2021.9
ISBN 978-7-5220-1296-4

Ⅰ.①风…　Ⅱ.①贲…　Ⅲ.①银行业—金融国际化—研究报告—2020
Ⅳ.①F831

中国版本图书馆 CIP 数据核字（2021）第 173574 号

风云渐起　图之未萌
FENGYUN JIANQI TU ZHI WEI MENG

出版
发行　**中国金融出版社**

社址　北京市丰台区益泽路 2 号
市场开发部　（010）66024766，63805472，63439533（传真）
网 上 书 店　www.cfph.cn
　　　　　　（010）66024766，63372837（传真）
读者服务部　（010）66070833，62568380
邮编　100071
经销　新华书店
印刷　天津市银博印刷集团有限公司
尺寸　170 毫米×230 毫米
印张　9.75
字数　165 千
版次　2021 年 9 月第 1 版
印次　2021 年 9 月第 1 次印刷
定价　95.00 元
ISBN 978-7-5220-1296-4
如出现印装错误本社负责调换　联系电话(010)63263947

版权声明

　　《风云渐起　图之未萌——2020 年全球银行业国际化报告》是由浙江大学国际联合商学院（浙大 ZIBS）、互联网金融研究院（浙大 AIF）、金融研究所（浙大 IFR）作为联合发布方，基于银行国际化指数（Bank Internationalization Index）结果，于 2021 年 3 月发布的指数报告。本报告中所有的文字、数据均受到中国法律知识产权相关条例的版权保护。未经书面许可，任何组织和个人都不得将本报告中的信息用于其他商业目的。

风云渐起　图之未萌

Will De-globalization Disrupt
Banks' International Expansion?

合作机构

浙江大学国际联合商学院（ZIBS）

浙江大学互联网金融研究院（AIF）

浙江大学金融研究所（IFR）

课题主持人

贲圣林　浙江大学国际联合商学院院长，互联网金融研究院院长，管理学
院教授、博士生导师

俞洁芳　浙江大学经济学院金融系副主任、副教授、硕士生导师

课题组成员

顾　月　陈梦涛　叶思卿　叶丽宸　刘　玥　魏纯旭

张晨希　刘海韵　王梓铭　吕佳敏　罗　丹

专家咨询委员会（按姓氏拼音排序）

Eden Yin　剑桥大学嘉治商学院高级讲师

Herbert Poenisch　国际清算银行原高级经济学家

Peter Williamson　剑桥大学嘉治商学院国际管理荣誉教授

曹　彤　深圳瀚德金融科技控股有限公司董事长

陈卫东　中国银行研究院院长

丁志杰　国家外汇管理局外汇研究中心主任

段国圣　泰康保险集团执行副总裁、首席投资官

鄂志寰　中银香港首席经济学家

丰习来　建银国际行政总裁

傅安平　中国人民保险集团股份有限公司风险管理部总经理
傅诚刚　阿布扎比国际金融中心及金融服务监管局中国首席代表
黄　清　中国神华能源股份有限公司董事会秘书
焦瑾璞　上海黄金交易所理事长
金　煜　上海银行董事长
金雪军　浙江大学公共政策研究院执行院长
刘　珺　交通银行党委副书记、行长
刘青松　中国证券业协会专职理事
陆　风　万得信息技术股份有限公司董事长
钱于军　瑞银证券有限责任公司董事长
王维安　浙江大学金融研究所所长
王晓川　Atlantis 集团控股公司董事总经理
王永利　深圳海王集团股份有限公司首席经济学家、中国银行原副行长
魏革军　中国人民银行西安分行行长、国家外汇管理局陕西省分局局长
向松祚　中国农业银行原首席经济学家
杨　涛　国家金融与发展实验室副主任
杨传东　渣打银行（中国）有限公司华东区总经理兼上海分行行长
杨柳勇　浙江大学金融研究院副院长
杨再平　中国金融学会副秘书长
张　杰　中国人民大学财政金融学院教授
张红地　中国金融出版社原副总编辑
张立钧　普华永道中国区域经济主管合伙人、中国南部市场及深圳主管合伙人
张晓朴　中央财经委员会办公室经济一局局长
赵昌文　国务院发展研究中心产业经济研究部部长
赵海英　中国投资有限责任公司副总经理
赵锡军　中国人民大学中国资本市场研究院联席院长
周道许　华融国际信托有限责任公司党委书记、董事长
周尚志　中国出口信用保险公司第一营业部副总经理
庄毓敏　中国人民大学财政金融学院院长

专家咨询委员会秘书长：

俞洁芳　浙江大学经济学院金融系副主任
宋　科　中国人民大学财政金融学院党委副书记

风云渐起 图之未萌

Will De-globalization Disrupt
Banks' International Expansion?

当前，世界正处于百年未有之大变局，国际形势日益复杂，经济全球化趋势与逆全球化声音持续交锋，为此，"十四五"规划明确提出要"加快构建以国内大循环为主体、国内国际双循环相互促进的新发展格局"。作为金融服务实体经济的重要载体，银行业金融机构不仅是中国金融市场对外开放的践行者，也是联通国内国际金融市场、助力中国企业走向世界的支持者。因此，如何准确把握全球银行的国际化态势、科学看待中资银行当前国际化水平，以全球视野谋划银行国际发展道路，从金融本质出发推进高水平开放型经济体制，是一件十分迫切而重要的事情。

在此背景下，浙江大学国际联合商学院、互联网金融研究院、金融研究所联袂攻关，于2021年3月发布"银行国际化"系列的第六期成果《风云渐起 图之未萌——2020年全球银行业国际化报告》。报告以境外资产积累、境外经营成果、全球机构布局三大维度为核心，聚焦来自31个国家的86家全球性与区域性银行，对其国际化发展进行科学评估与深入分析，86家银行总资产近80万亿美元，占全球银行业总资产的63%。作为中国金融改革开放的亲历者、参与者和研究者，我对报告的立意高远，视野广阔，内容丰富，数据翔实，案例深刻非常认可。我始终认为，思考中国现代金融建设，要有全球的战略眼光。六年多来，"银行国际化"系列报告以指数反映全球最具代表性的银行的国际化水平、以案例挖掘不同银行的国际化经验，在学术上为深入研究中国金融机构的国际化发展开拓了新的思路并提供了基础工具，在实践上对中国金融机构如何构建全球化格局、把握数字化机遇进行探讨，为助力中国金融高质量"走出去"做出了不懈努力。

　　处在新发展阶段，构建新发展格局，"银行国际化"系列报告在建党百年之际、"十四五"开局之年再续新篇，可喜可贺！反听之谓聪，内视之谓明，自胜之谓强。希望本报告系列不仅为中国银行业金融机构的国际化战略带来客观理性的声音，也能够在社会各界的广泛关注和批评建议下不断完善，同中国金融业的国际化进程一道并肩同行，不断开创中国金融开放新格局。

　　是为序。

屠光绍

2021 年 6 月 15 日

风云渐起　图之未萌

《风云渐起　图之未萌——2020 年全球银行业国际化报告》是"银行国际化系列报告"的第六期成果，该系列报告以全球商业银行为落脚点，展示各国银行国际化历史与现状，通过构建"银行国际化指数"（Bank Internationalization Index，BII），直观描绘不同银行国际化水平，梳理其国际化成果、挖掘其国际化因缘，为全球银行的国际化发展提出可行性建议。

◆ **报告特色**

▶以三大维度为抓手，指数见高下

银行国际化指数自 2015 年发布以来，已经六载时光。指数始终坚持以境外资产积累、境外经营成果、全球机构布局三大维度为支撑，从深度、广度、效果等多方面综合评价银行国际化水平，力求科学客观，帮助银行明晰自身在国际金融市场中的开放地位。完整报告则针对银行境外业务变迁、经营成本控制、国际人才培养等进行深入分析，全面展现银行国际化表现，发现其在国际化发展中的差距与不足，从而探索更优的国际化战略与路径。

▶以两类银行为主力，看全球变化

2020 年，BII 样本池进一步扩大，实现对 49 家全球性银行与 37 家区域性银行的国际化排名与分析。86 家参与 BII 排名的银行总资产规模达 80 万亿美元，占全球银行业资产规模的 63%，是全球 GDP 的 91%。全球性银行来自 13 个国家，包含了全球系统重要性银行（G-SIBs）与《银行家》TOP50 银行中的主要金融集团，代表着最具全球影响力的银行梯队。区域性银行来自 21 个国家，重点关注以金砖国家（BRICS）为代表的新兴市场力量与"一带一路"沿线国家的银行发展。

◆ **核心观点**

根据指数结果，本报告分别评选了全球性银行国际化 TOP20、区域性银行国际化 TOP20、全球银行境外资产规模 TOP20、全球银行境外营收规模 TOP20，并对中国银行业十年间的"走出去"与"引进来"进行了展现。

▶全球性银行国际化：国际化经营需积累，欧洲优势凸显

进入 BII 排名 TOP20 的全球性银行均来自发达国家，其国际化水平远高于新兴国家银行，这些银行所在的国家市场开放更早，其国际化发展历史也更为悠久，国际化水平相应也就更高，可见银行国际化水平的提升需要长久的积累，非朝夕可至之事。此外，TOP20 中，亚美两洲共拥有 7 家银行，欧洲则独占半壁江山（13 家），渣打银行更是连续六年成为全球最国际化的银行，欧洲各银行的国际化区位优势十分明显。

▶区域性银行国际化：国际化发展多样，新加坡表现亮眼

相比全球性银行，区域性银行的国际化 TOP20 更加多元，来自 15 个国家的银行进入了 TOP20 的阵营（全球性银行 TOP20 来自 10 个国家），其中总部位于瑞典的北欧联合银行仍是区域性银行中国际化水平的最高者。此外，新加坡大华银行、华侨银行、星展银行均进入 TOP10，国际化表现最为亮眼。而南非和印度亦分别有 3 家和 2 家银行进入 TOP20，代表了金砖国家的力量。

▶全球银行境外资产规模：呈现集中度"双高"特点

一方面，TOP20 银行的境外资产规模（14.8 万亿美元）便达到了所有银行境外资产规模的 70%，规模集中度很高，全球银行海外资产仍主要集中在大型跨国银行手中。另一方面，TOP20 银行中，11 家来自欧洲地区，超过亚洲和美洲银行的总和，地区集中度很高。

▶全球银行境外营收规模：亚洲银行表现出色

一方面，境外营收规模也表现出较高的集中度，TOP20 银行境外营收规模达 0.4 万亿美元，占所有银行境外营收规模的 70%。另一方面，来自日本的三菱日联、瑞穗金融集团与来自中国的中国银行、中国工商银行均进入 TOP10，亚洲地区占据境外营收规模十强 4 席，超过欧洲（3 家）与美洲（3 家），境外经营成果丰硕。

▶中国银行业的"走出去"和"引进来"

中资银行在短短几十年内实现了国际化的迅速发展，自 2010 年至今，十年间银行境外资产规模与营收均已增长 3 倍，并形成了三梯队的"走出去"格局：中国银行和中国工商银行为"国际化先行者"，已进入全球性银行国际化排名 TOP30；以其他大型国有商业银行和部分股份制银行为代表的"国际化探索者"，在规模上已具有一定的国际影响力，属于全球性银行，但其国际化水平则有待提升；广发银行和平安银行则代表了"国际化初行者"，资产规模与国际化水平均待发展。

此外，改革开放以来，中国银行业持续推进开放步伐，鼓励外资银行来华经营。截至 2019 年底，共有来自 55 个国家和地区的银行在华设立了 975 家营业性机构，全年在华净利润达 216 亿元。新时期，尽管逆全球化声音频现，但中国金融业的开放格局将进一步深化，向全球企业展现中国金融市场的魅力。

目 录 Contents

风云渐起　图之未萌

Will De-globalization Disrupt
Banks' International Expansion?

风云渐起　图之未萌

Will De-globalization Disrupt
Banks' International Expansion?

表 Tables

风云渐起　图之未萌

Will De-globalization Disrupt
Banks' International Expansion?

　　"银行国际化系列报告"至今已连续发布六年，坚持对全球商业银行国际化发展进行观察与追踪，展现当年经济、金融、政治背景下的银行决策，并随时间积累勾勒出国际金融机构的历史变迁。

　　本期报告以"风云渐起　图之未萌"为主题。随着世界百年未有之大变局的出现，政治、经济形势越发错综复杂，逆全球化事件不断增加，银行国际化发展的风险也越发提升。各家银行需要以"图之于未萌，虑之于未有"的精神面对风云变幻的全球形势，在立足自身国际化战略的前提下，发掘国际化机遇并细察国际化挑战，走好、走稳自己的国际化道路。

　　一方面，应当理解银行的国际化发展需要不拘一格，立足自身特色最为重要。如既有"专注海外市场的国际银行"，渣打银行资产规模小而国际化水平高，从成立之初便设海外分行，现有来自125个国家的员工服务60多个全球市场；也有以汇丰、花旗、西班牙国际、瑞穗等为代表的"大而开放的跨国金融集团"，不仅国际化程度均进入TOP20，银行资产规模也十分庞大，这类银行多依托本国发达的金融市场或显著的地理优势，在更为自由开放的市场规则下，实现了更好的国际化发展；亦有以美国摩根大通、美国银行、富国银行和中国5家大型国有商业银行为代表的"本土更优的大型银行集团"，它们资产规模庞大，相比国际发展，在巨大的国内市场中有更为优异的表现。

　　另一方面，应当关注全球政治经济形势，发现并把握国际化增长点与新机遇。如"一带一路"沿线金融市场潜力巨大，报告长期跟踪90家"一带一路"沿线国家银行的国际化发展，其国际化指数在近十年间提高了23%，国际化水平进步显著。截至2019年7月底，"一带一路"的朋友圈已扩大至166个国家和国际组织，其沿线国家人口约占全球人口的47.6%，对外贸易额约占全球贸易额的27.8%，市场体量庞大，国际化潜力无限。

　　凿井者，起于三寸之坎，以就万仞之深。国际化的积累并非一朝一夕之功，银行国际化指数虽不足以评判银行经营之优劣，却是银行"走出去"、直面国际竞争的一个侧面。银行的全球经营是长久之事，当行稳致远；银行国际化系列报告也将随全球银行的发展持续优化、不断成长！

全球经济贸易形势

2019年，世界经济增速持续放缓，贸易保持低速增长，各国纷纷实行宽松货币政策，虽在短期内为经济提供了支撑，但或将进一步助长金融脆弱性的积累。此外，在以"一带一路"为代表的新兴朋友圈兴起的同时，以美国为代表的单边主义的声音也越发频繁，而2019年底暴发的新冠肺炎疫情更是使原本便错综复杂的国际政治经济形势变得越发扑朔迷离。本章以全球经济发展、国际经贸往来、国际形势演变及新冠肺炎影响为主要内容，展现全球经济、贸易、政治环境在2019年的表现与变迁，为银行国际化的探讨明晰背景。

1.1　世界经济增长放缓，金融市场风险愈盛

2019年，世界经济增速持续下滑，全年增长2.05万亿美元（根据2010年不变价美元计算），增速为2.48%，连续三年下降。在此背景下，各国纷纷放松货币政策，全年共有约50个国家的央行进行了超70次降息，各国通货膨胀与就业水平基本保持稳定，2019年世界通胀率为2.30%（根据消费者价格指数计算），失业率为5.40%，但资产价格显著上升，且远超本国GDP增速，金融市场压力不断增加，金融风险越发值得关注。

1.1.1　全球经济增速连续三年下降

自2009年金融危机的影响逐渐蔓延至各国以来，全球经济的增长便持续乏力，在总量上虽保持增加，但增速下降趋势明显（见图1-1）。2019年，全球GDP为84.94万亿美元（根据2010年不变价美元计算），增速降至2.48%，同比下降0.623个百分点，是全球金融危机以来的最低水平。2020年6月，世界银行发布《全球经济展望》，进一步指出，新冠肺炎的全球流行将使世界经济陷入严重收缩，预计2020年全球经济将收缩5.2%，是第二次世界大战以来程度最深的经济衰退。

2019年，发达经济体增速放缓（见图1-2）。以美国、德国、英国、日本四国为例，美国经济增幅出现回落（GDP增速0.65%），经济下行压力加大；欧元区经济低迷，龙头德国失速，经济持续下滑，GDP增速0.56%，相比2018年（GDP增速1.53%）下滑近三分之二；英国和日本GDP增速有所回升，但脱欧所带来的不确定性仍然给英国经济造成了负面影响：在脱欧公投前的2015年，英国GDP增速为2.4%，而2018年与2019年，英国GDP增长率仅分别达到1.3%和1.4%。

图 1-1　2008—2019 年全球 GDP 及其增速[①]

（资料来源：浙大 AIF，世界银行）

图 1-2　2009—2019 年部分发达经济体 GDP 增速[②]

（资料来源：浙大 AIF，世界银行）

　　与发达经济体相比，新兴市场和发展中经济体的经济增长相对更加明显，但内部也有分化（见图 1-3）。以中国、印度、俄罗斯、南非、巴西这五个金砖国家（BRICS）为例，2019 年，五国 GDP 增速均值为 2.53%，略高于全球 GDP 增速（2.48%），是美国、德国、英国、日本四国 GDP 增速均值（1.24%）的两倍。但具体而言，同为 2019 年十大经济体的中国、印度、巴

---

① 图 1-1 中全球 GDP 数值为 2010 年不变价美元。

② 图 1-2 中各经济体 GDP 增速根据各国不变价本币计算。

西，却呈现出不同的增长状态：中国和印度在近十年中，GDP 长期保持中高速增长，即使近年来逐渐趋缓，在 2019 年依然保持了 6.11% 和 5.02% 的增长；巴西经济规模在 2019 年达 2.35 万亿美元（根据 2010 年不变价美元计算），位列世界第八，但其经济增长极为缓慢，已连续三年仅为 0.01%。俄罗斯与南非则分别以 1.34%、0.15% 的 GDP 增速位列五国中部，但相比 2018 年（2.54% 和 0.79%）均有下降。

图 1-3　2009—2019 年部分新兴市场和发展中经济体 GDP 增速①

（资料来源：浙大 AIF，世界银行）

　　具体到行业发展，全球制造业和服务业景气度均不乐观（见图 1-4）。2019 年 12 月，全球综合 PMI 值为 51.7%，同比下滑 1.9%。其中，全球制造业 PMI 值为 50.1%，虽然处于荣枯线之上，但是同比下滑 2.72%；全球服务业 PMI 值为 52%，同比下滑 2.07%。可以看到，全球 PMI 指数从 2017 年底开始持续震荡下跌，2019 年底的综合 PMI 值已降至十年来同期最低水平，制造业 PMI 值在荣枯线附近徘徊，服务业 PMI 值加速下跌，全球经济持续下行。根据中国物流与采购联合会发布的 2020 年 6 月全球制造业 PMI 指数，除美洲外，其余各洲制造业 PMI 均在 50% 以下，全球制造业仍处于下降趋势，但降势有缓解迹象。

---

　　① 图 1-3 中各经济体 GDP 增速根据各国不变价本币计算。

图 1-4　2011—2019 年全球 PMI 值

（资料来源：浙大 AIF，前瞻数据库）

1.1.2　通胀就业水平基本保持稳定

近三年全球通胀水平整体温和，2019 年世界通胀率为 2.3%，较 2018 年略有下降。发达经济体普遍呈现低通胀状态，且同比皆有下降：美国与欧盟国家通胀率多处在 1.5%~2.5%，日本通货膨胀率在进入 21 世纪后便长期在零线附件徘徊，通缩现象时有发生。相比之下，新兴市场和发展中经济体通胀水平整体高于发达经济体，多在 2.5% 以上。2019 年，中国（2.90%）、俄罗斯（4.47%）、巴西（3.73%）通胀水平均温和上涨，南非（4.12%）延续 2018 年下跌态势，印度则连续两年较大幅度上涨，通货膨胀率（7.66%）已超过印度央行设立的 6% 通胀目标上限，这一高通胀、低增长的状态也使印度货币政策陷入两难境地。

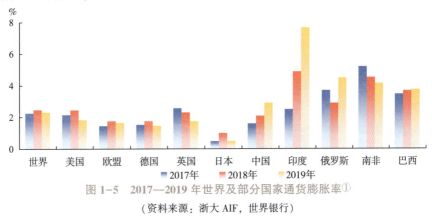

图 1-5　2017—2019 年世界及部分国家通货膨胀率①

（资料来源：浙大 AIF，世界银行）

---

① 图 1-5 中通货膨胀率根据消费者价格指数计算。

从就业水平来看，近三年全球失业率总体保持稳定，2019 年世界失业率为 5.40%，与 2018 年（5.39%）基本持平。发达经济体失业率整体呈下降状态，美国、德国、英国、日本四国 2019 年平均失业率为 3.22%，相比 2018 年四国失业率均值（3.42%）有明显下降。欧盟地区虽然失业率同样呈现下降趋势，但其本身数值较高，2019 年失业率达 6.67%，高于中国（4.32%）、俄罗斯（4.59%）、印度（5.36%）三个新兴经济体。以金砖国家为代表的新兴市场和发展中经济体在 2019 年大多保持了就业水平的增长，但巴西（12.08%）与南非（28.18%）失业率明显高于其他地区，且南非失业率相较 2018 年为上升态势，根据世界银行（模拟劳工组织）统计，南非 2020 年失业率为 28.48%，持续上涨。

图 1-6　2017—2019 年世界和欧盟以及部分国家失业率

（资料来源：浙大 AIF，世界银行）

1.1.3　货币政策宽松资产价格上涨

2019 年全球货币政策转为宽松。美联储在下半年三次降息，引领了全球降息潮，约 50 个央行进行了超 70 次降息。进入 2020 年，发达经济体的基准利率大多已降至 1% 以下，美国联邦基金目标利率为 0~0.25%，欧元区开启零利率时代，日本与瑞士央行利率为负（−0.1% 和 −0.75%）。以金砖国家为代表的新兴市场经济体利率水平稍高（1.5%~5.5%），但也多呈下降趋势。尽管低利率可以刺激经济，但也会在一定程度上助长金融脆弱性的积累。2019 年下半年，用于衡量金融体系系统性风险的圣路易斯联储金融压力指数（St. Louis Fed Financial Stress Index，STLFSI）明显上升，两次超过零线，金融市场的风险值在不断加大。

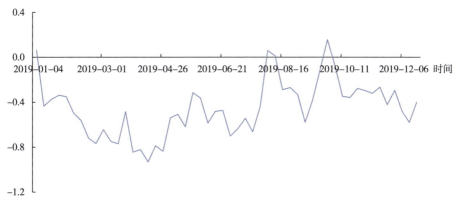

图 1-7 2019 年圣路易斯联储金融压力指数

（资料来源：浙大 AIF，圣路易斯联邦储蓄官网）

与此同时，在全球央行的宽松货币政策下，股票市场价格剧增，绝大多数国家 S&P 股票指数增速远超其 GDP 增速。2019 年，全球 GDP 仅增加 2.05 万亿美元（根据 2010 年不变价美元计算），但根据德意志银行统计，全年股市总市值增加超过 17 万亿美元，资产价格的泡沫化风险值得警惕。具体而言，美国 S&P 股指在 2019 年涨幅为 28.5%，在发达国家中排名前列，成为推动全球股市上涨的一大主力；德国、日本、英国 S&P 全球股指值年变化率分别为 25.48%、18.20%、12.77%。新兴市场经济体中，俄罗斯 S&P 股指涨幅傲视群雄，2019 年高达 41.82%；巴西、中国 S&P 股指年变化率分别为 26.00%、19.26%；南非、印度股指变化率相对较小，分别为 8.55% 和 6.09%。

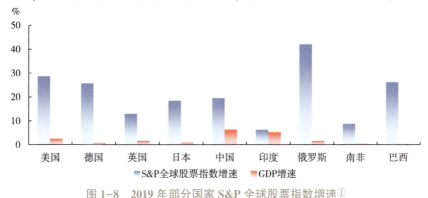

图 1-8 2019 年部分国家 S&P 全球股票指数增速①

（资料来源：浙大 AIF，世界银行）

———————

① 图 1-8 中 S&P 全球股票指数衡量股市中的美元价格变化，GDP 增速根据各国不变价本币计算。

1.2 全球贸易缓慢增长，资本流动差异明显

在逆全球化声音凸显、中美贸易摩擦加剧的背景下，2019 年世界贸易增长十分缓慢，同比仅增长 1.61%，与此同时，各国汇率市场波动频繁，以美国、英国、日本为代表的发达国家和以中国、俄罗斯、印度为代表的新兴经济体均呈现出资本流出状态。

1.2.1 全球贸易总额保持低速增长

以 2010 年不变价美元来看，全球货物和服务进出口总额在近十年均呈现缓慢增长的态势，但增速有显著下滑。2019 年，全球货物和服务进口为 25.29 万亿美元，同比增长 1.61%；全球货物和服务出口为 26.23 万亿美元，同比增长 1.46%。进出口贸易额的总体增长态势反映了愈加深入的经贸往来，各国经济总体上仍然向着全球化的方向发展。但与此同时，近十年全球贸易总额仅增长约三分之一，年均增长率不足 4%，2019 年，进出口贸易增长率更是实现连续三年下跌，降至近十年的最低水平（1.61% 和 1.46%），这与全球经济增长放缓、消费与投资需求不足、贸易限制措施增加等因素不无关系。

图 1-9 2010—2019 年世界货物和服务进出口总额及增速①

（资料来源：浙大 AIF，世界银行）

从进出口贸易差额来看，各个经济体的表现各不相同（见图 1-10）。2019 年，美国、英国、印度均呈贸易逆差状态：美国自 2010 年以来便长期处于贸

---

① 图 1-9 中货物和服务进出口根据 2010 年不变价美元计算。

易逆差状态，尽管近两年更加重视国内贸易市场，但其逆差仍然居高不下（0.63 万亿美元），英国亦长期处于逆差状态，但逆差额相对较小（0.08 亿美元）。其余代表国家与地区在 2019 年出现贸易顺差：欧盟 2010—2018 年顺差额不断扩大，2019 年贸易顺差有所收缩（0.56 万亿美元）。作为新兴经济体的重要代表，中国近十年维持着一定水平的贸易顺差，2019 年较上年有所上升，达到 0.17 万亿美元。

图 1-10　2019 年世界与部分国家货物和服务进出口对比①

（资料来源：浙大 AIF，世界银行）

1.2.2　各国资本流动情况差异显著

2019 年各国汇率市场均有波动。美元指数先上升后下降，在第四季度受本国经济不景气及美联储降息的影响，出现下跌，年末收于 96.39，与 2018 年年末基本持平。发达经济体中，英镑较 2018 年升值 3.8%，日元较 2018 年末升值 1.54%。新兴市场和发展中经济体中，中国人民币和印度卢比较 2018 年末有小幅贬值，南非兰特、俄罗斯卢布则有不同程度的升值。

汇率波动与资本流动息息相关，根据世界银行净资本账户数据，各国 2019 年资本净流动方向虽各有不同，但绝对量趋缓。发达经济体中，美国、英国和日本自 2010 年以来，净资本账户基本为负：美国 2019 年净资本账户资本额-0.1 亿美元，从 2018 年的资本流入转为流出状态；英国资本长期流出，2019 年流出金额缩减至 10.15 亿美元；日本净资本账户负值扩大，资本流出

① 图 1-10 中除美国和中国货物和服务进出口根据现价美元计算外，其余国家与地区均根据 2010 年不变价美元计算，日本因 2019 年数据缺失以 2018 年数据代替。

扩张至38.09亿美元，相比2018年几乎翻了一番。新兴经济体中，中国、俄罗斯、印度在2019年也延续了资本净流出的态势，净资本账户额分别为-3.27亿美元、-6.92亿美元和-11.56亿美元，但除印度外，中国与俄罗斯的资本流出额均有所收缩，印度资本净流出额则迅速增加（2018年净流出1.23亿美元）。

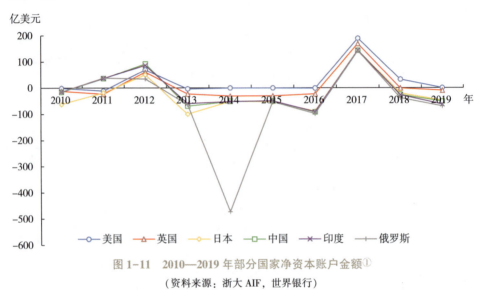

图1-11　2010—2019年部分国家净资本账户金额①

（资料来源：浙大AIF，世界银行）

1.3　国际形势日益复杂，全球化风险需警惕

全球经济下行加剧了各国越发复杂的政治局势，经贸往来与贸易摩擦均在增加，全球化与逆全球化的呼声交错出现，全球金融市场风险也随之提升，芝加哥期权交易所VIX指数（CBOE Volatility Index）在近几年波动越加频繁。

---

①　图1-11中净资本账户金额根据现价美元计算。

图 1-12　2017—2019 年 VIX 指数

（资料来源：浙大 AIF，英为财情网）

1.3.1　地区摩擦显露逆全球化风向

2019 年，在世界经济增速仍然放缓的背景下，各地区间的政治与贸易摩擦也在不断升级，美国单边主义政策加速推进、欧盟内部碎片化趋势显现、日韩摩擦加剧引发贸易战，逆全球化的声音逐渐增多。

自 2017 年以来，美国奉行"美国优先"战略，不断发起"退群"行为，成为逆全球化的重要推动者。2017 年，美国先后退出"跨太平洋伙伴关系协定"（TPP）、《巴黎协定》、联合国教科文组织；2018 年，退出万国邮政联盟；2019 年，退出《武器贸易条约》和《中导条约》；2020 年，退出世界卫生组织。与此同时，美国将中国视为"主要战略竞争对手"，于 2018 年掀起贸易争端（见表 1-1），在增大贸易摩擦损害全球市场的同时，也为全球化增加了更多的不确定性。直至 2020 年 1 月 15 日，中美在美国白宫签署第一阶段经贸协议，双方在三方面达成协议：一是深化贸易领域双向合作，扩大双方在农产品、制成品、能源、服务业等领域的贸易规模；二是进一步放宽市场准入，包括扩大金融领域双向开放；三是持续优化营商环境，加大知识产权保护力度，鼓励基于自愿和市场条件的技术合作等。

表 1-1　中美贸易摩擦经贸磋商时间

时间	磋商内容及进展
2018 年	第 1~4 轮，就经贸问题进行了建设性、坦诚交流，同意就下一步安排保持接触
2019 年 1 月 30 日	第 5 轮，对贸易平衡、技术转让、知识产权保护、实施机制等问题进行讨论

续表

时间	磋商内容及进展
2019 年 2 月 14 日	第 6 轮，对技术转让、知识产权保护、非关税壁垒、服务业、农业、贸易平衡、实施机制等问题进行交流
2019 年 2 月 21 日	第 7 轮，在技术转让、知识产权保护、非关税壁垒、农业、汇率等问题上取得实质性进展
2019 年 3 月 28 日	第 8 轮，在经贸协议文本等重要问题上达成新共识
2019 年 4 月 3 日	第 9 轮，谈判接近达成协议
2019 年 4 月 30 日	第 10 轮，在知识产权和强制技术转让等问题上取得进展
2019 年 5 月 9 日	第 11 轮，谈判进入具体的文本阶段
2019 年 7 月 30 日	第 12 轮，中方根据需要增加自美农产品采购，美方将为采购创造良好条件
2019 年 10 月 10 日	第 13 轮，初步达成"第一阶段"贸易协议
2019 年 12 月 13 日	中美第一阶段经贸协议文本达成一致
2020 年 1 月 15 日	中美签署第一阶段经贸协议
2020 年 2 月 14 日	协议落实生效

资料来源：浙大 AIF、公开报道。

尽管中美贸易摩擦出现阶段性缓和，但是双方分歧依旧存在，未来仍然可能带来巨大影响。美国在诸多问题上持续对华施压和干涉，一再冲击中美关系的政治基础，为全球安全带来了诸多不稳定因素。

除美国单边主义盛行外，欧盟地区的碎片化趋势也在加剧，欧洲一体化遭遇新挑战。一方面，英国脱欧进程在 2019—2020 年有了较大进展：2019 年 10 月 17 日，欧盟委员会主席容克与英国首相约翰逊宣布欧盟与英国达成新的脱欧协议；2020 年 1 月，英国国会投票通过脱欧协议；1 月 30 日，欧盟正式批准英国脱欧；1 月 31 日，英国结束 47 年的欧盟成员国身份，正式脱欧，成为历史上首个退出欧盟的国家，这也意味着欧盟将减少 1/6 的 GDP，在世界经济格局中地位下降。另一方面，随着欧盟内部的力量平衡格局被打破，其碎片化趋势逐步显现。2019 年 5 月，欧洲议会选举在 28 个欧盟成员国中进行，选举结果显示，人民党和社民盟两大党团对欧洲议会和欧理会控制力减弱、东南欧与西北欧地域分化明显、主要党团内核心区议席下降，这在未来可能会增大欧盟决策意见不统一的可能性。

亚洲地区，日本与韩国也因慰安妇、第二次世界大战劳工赔偿等历史遗留问题产生争端，关于军演、"火控雷达照射"等事件的摩擦和矛盾不断集聚，最终导致贸易摩擦。2019 年 7 月 1 日，日本宣布对出口韩国的三类半导体材料实行管制，日本对此三类材料的产量达全球产量的 70%~90%，一旦断供将对占据韩国经济半壁江山的半导体产业造成沉重打击；8 月 7 日，日本经济产业省颁布政令，在简化出口审批手续的贸易对象"白色清单"中删除韩国，取消对韩出口管理上的优惠措施；8 月 12 日，韩国政府决定将日本从本国"白名单"中清除；此后，韩国政府多次希望与日本通过磋商解决贸易争端，但均遭到日本拒绝，截至 2020 年 7 月 1 日，双方间的紧张态势依旧没有得到有效缓和。这一贸易摩擦给日韩双方经济均带来了不利影响：2019 年韩国向日本出口额为 284.2 亿美元，较 2018 年下降 6.91%；从日本进口额为 475.8 亿美元，较上年下降 12.86%。

图 1-13　2011—2019 年韩国对日本进出口额

（资料来源：浙大 AIF，韩国海关官网）

1.3.2　新兴国家成为全球化推动力

与逆全球化的风向相对，新兴国家正在成为全球化的积极倡导者与践行人。以金砖国家为代表的新兴经济体成为世界增长的重要引擎，以"一带一路"为代表的区域及全球性合作成为全球化的又一重要阵地。

2008 年，金砖国家（BRICS）合作机制正式启动，此后金砖五国便积极投身于全球治理、能源安全、气候变化等事业。据统计，金砖国家国土面积占世界近 30%，人口占世界总人口的 42%，已成为推动全球经济复苏和可持续增长的重要引擎（见图 1-14）。

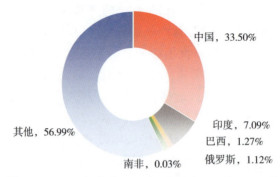

中国，33.50%

印度，7.09%

巴西，1.27%

俄罗斯，1.12%

其他，56.99%

南非，0.03%

图 1-14　2019 年金砖五国对世界经济增长的贡献度①

（资料来源：浙大 AIF，世界银行）

2013 年，中国提出建设"一带一路"的合作倡议，时至今日，"一带一路"的朋友圈已扩大至 166 个国家与国际组织，日渐成为全球交流与合作中的重要平台。一方面，"一带一路"市场广阔，根据国家信息中心、中商产业研究院《2018 "一带一路"贸易合作大数据报告》，截至 2017 年年末，71 个"一带一路"国家人口总数约为 34.4 亿人，占全球人口数量的 47.6%；"一带一路"国家对外贸易总额为 9.3 万亿美元，占全球贸易总额的 27.8%，蕴藏着巨大的市场力量。另一方面，作为"一带一路"的倡议者，中国与沿线各国的交流日益密切。2019 年 4 月，第二届"一带一路"国际合作高峰论坛在中国北京举办，共有 39 位外方领导人、150 个国家、92 个国际组织、6000 多位外宾参加，最终达成了 6 大类 283 项务实成果，习近平主席也在会议上明确提出"将高质量共建'一带一路'确立为未来合作的主线"。截至 2019 年 6 月底，中欧班列累计开行数量近 1.7 万列，中国国内开行城市达 62 个，境外到达 16 个国家的 53 个城市，回程班列已达 99%，综合重箱率达 88%。此外，除每年 2 月前后受中国春节影响的季节性回调之外，"一带一路"贸易额指数和货运量指数整体呈现上升趋势，2019 年 12 月分别达 144.82 和 145.22，同比上升 7.35% 和 16.14%（见图 1-15），各新兴市场与发展中经济体贸易往来越发紧密。

---

① 贡献度=该国实际 GDP 增速×该国经济在世界经济中的占比/全球实际 GDP 增速。

图 1-15　2018—2019 年"一带一路"贸易额和货运量指数

（资料来源：浙大 AIF，"一带一路"官网）

1.4　新冠肺炎疫情暴发，冲击全球经济安全

2019 年年底，中国武汉出现新型冠状病毒肺炎①，其传染性强、致死率较高的特点导致其迅速蔓延、大面积暴发，并引起各国高度重视。2020 年 1 月 29 日，中国内地 31 个省份全部启动突发公共卫生事件一级响应，至 2020 年 3 月底，疫情基本得到控制，国内生产生活秩序逐渐恢复正常。与之相对，2020 年 3 月 11 日，世界卫生组织总干事谭德赛将新冠疫情定义为首个由冠状病毒引起的全球性流行病（Pandemic），且愈演愈烈。截至 2020 年 9 月底，全球累计确诊病例已逾 3357.86 万人，死亡人数超 100.70 万人（见图 1-16）。

2019 年出现的新冠肺炎疫情给全球经济与安全带来了巨大冲击，这一影响在 2020 年逐渐放大。

首先，全球经济增速再次下降，众多国家出现经济负增长。在 2019 年全球经济增速创造新低的背景下（全球 GDP 增速 2.48%，同比下降 0.623 个百分点），2020 年上半年，众多国家 GDP 出现下降。美国和欧盟，日本与中国，金砖五国同比增速分别为-3.34% 和-8.84%，-3.11% 与-4.41%，-8.02%。

其次，国际贸易往来大幅减少，人员、货物与服务均受限。疫情全球蔓延后，很多国家建立了更加严格的货物贸易和交流制度，且一定程度上限制了旅

---

① 新型冠状病毒肺炎（Corona Virus Disease 2019，COVID-19），简称"新冠肺炎"，世界卫生组织命名为"2019 冠状病毒病"。

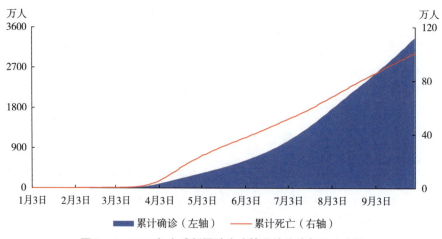

图 1-16　2020 年全球新冠肺炎疫情累计确诊与死亡人数

（资料来源：浙大 AIF，联合国世界卫生组织）

行和出入境，世界货物贸易和服务贸易均大幅萎缩。世界贸易组织预计 2020 年全球商品贸易量将下降 13%~32%，服务贸易也将受到运输和旅游限制的直接负面影响。

最后，国际政治格局加速变化，全球化风险不断加码。自欧洲疫情暴发后，美国对诸多欧盟国家的旅客关闭边境，并拦截欧洲国家抗疫物资，双方关系有所疏远。此外，新冠肺炎疫情进一步激化了欧盟内部的已有矛盾，各国风波不断，摩擦加剧。

总而言之，新冠肺炎疫情的暴发是世界各国均始料未及的"黑天鹅事件"，其对全球经济增长、贸易往来、政治格局都产生了极大的影响，且这一影响短时期内难以消除，也必然对全球银行业、金融业的国际化发展造成冲击。

风云渐起　图之未萌

银行国际化指数构建

继 2015 年 9 月 20 日在北京首次发布"银行国际化指数"（Bank Interna-tionalization Index，BII）以来，浙江大学互联网金融研究院已领衔发布《2015中资银行国际化报告》《2016 中资银行国际化报告——对标国际一流》《百舸争流——驰骋国际市场的中外资银行》《本土化还是国际化——2018 全球银行国际化报告》《顺时而谋，十年一剑——全球银行业国际化报告》中文著作 5本、*In Pursuit of Presence or Prominence? ——The Prospect of Chinese Banks' Global Expansion and Their Benchmarks* 英文著作 1 本，BII 也已上线 Wind 平台。本章将从 BII 的定义内涵出发，对其指标体系、研究对象、数据处理进行介绍。

2.1　BII 定义内涵

BII 本义是衡量银行的国际化发展水平，严格来看，金融机构的国际化不仅体现在其境外业务的扩张及境外分支机构的设立上，更为重要的是其在国际金融市场中话语权与定价权的掌握。同理，银行的国际化发展亦包含"硬实力"与"软实力"两个方面的整体提升。"硬实力"通过具体的数字得以体现（如境外分支机构数量、境外资产、境外营业利润等），可以展示一家银行国际化的基本水平；而"软实力"则无法通过简单的量化指标完全展现（如在国际金融业界的话语权、定价权等），且"软实力"的发展是国际化发展的更高水平。但因"软实力"衡量标准难以确定，报告暂时以"硬实力"为主要描述对象，其所述"银行国际化"是指商业银行基于商业利润目标，积极在海外拓展分支机构、参与跨境并购，形成广泛国际网络，全面发展境外存款、贷款、国际结算等国际业务的过程。

因此，BII 的内涵应做如下解读：如果某家银行的境外业务为其全部业务，即该家银行的所有活动均在境外进行，完全以国际市场作为自己的发展市场，则其指标得分值应为 100；反之，若其经营活动完全不涉及国外市场，所有业务均在国内进行，则其指标得分值应为 0。所以，BII 的数值越大，表明该银行在经营活动中越多地参与到了国际市场中，其国际化程度便越高。当然，一家银行若是有国际化发展的必要，其国际化发展必然会经历由国内市场到国际市场的过程，一般而言，大多数银行不会放弃国内市场而完全依赖国际市场谋求发展，因此，并不会出现某家银行的 BII 得分高达 100 分的情况。

与此同时，报告多年来也在尝试对银行国际化的"软实力"进行讨论，本期报告在依托 BII 体系评价银行国际化水平的同时，也通过结合银行品牌价值来辅助理解银行的全球话语权问题，并从国家视角观察银行国际化的成长路径，以深度案例探讨银行国际化的未来空间。

2.2　BII 指标编制

本报告编制 BII 以系统性、科学性与动态可调整性为总体原则，从指标选取到模型建立，均在专家团队的指导下进行，以确保对全球银行国际化水平的客观、合理衡量。

2.2.1　BII 编制原则

第一，全面性和系统性相结合。报告在选取 BII 指标时除关注银行进入海外市场的方法、路径外，还强调了银行进入境外市场后的业务开展状况，力图使 BII 既反映银行在世界范围内的覆盖广度，又体现在其某一地区的发展深度。尽可能合理、真实、全面地反映中外资银行在境外的发展情况。在注重单个指标概念与内涵的同时，也注意了指标之间的系统性和相关性，使整个指标体系多元统一，从不同角度、不同层次对各家银行国际化做出综合反映。

第二，坚持科学性与可操作性。BII 的设计，基于传统国际金融、公司金融和商业银行经营管理理论、结合中外资银行海外发展的现状和特点及具体案例，既揭示了银行国际化的普遍规律，又反映出不同类型银行海外发展的差异性。同时，为更好地了解中外资银行海外发展的现状，报告尽可能地确保数据的可得性与可操作性，对于少量无法直接获取的数据，结合已有数据和信息进行估算，提高数据可信度。

第三，兼顾稳定性与灵活性。为确保评估结果的现实解释力和可持续性，BII 的指标及其权重设法保持了一定的稳定性，减少频繁变动，但稳定并不意味着僵化。金融机构的国际化是一个长期战略，其海外发展在不同阶段也有着各自的特征。为准确、客观地反映中外资银行国际化进程，报告在编制 BII 指标及其权重时会与其国际化实践相结合，在不同阶段做出动态调整。

2.2.2　BII 指标体系

本期报告沿用优化后的 BII 体系，保持核心与分析双层指标并行的架构。两层指标均围绕境外资产积累、境外营收成果、全球机构布局展开，其中，境外资产占比、境外营收占比、布局国家占比将作为核心指标参与 BII 评分，而其余指标则将作为分析内容在报告中进行体现。

表 2-1　BII 指标体系

三大维度	境外资产积累	境外经营成果	全球机构布局
核心指标	境外资产占比	境外营收占比	布局国家占比
分析指标	境外贷款占比	境外利润占比	境外分支机构占比
	境外存款占比		跨境并购数量
	境外雇员占比		跨境并购金额

各指标的具体内涵如下：

（1）境外资产占比：通过境外资产占比衡量境外发展的成果和后续发展的基础，同时，资产是规模的基本体现，该指标可以直接反映出各银行境外规模的差异；

（2）境外贷款占比：贷款利息是银行类金融机构的重要盈利来源，贷款数量及其占比反映出银行的境外主营业务发展情况；

（3）境外存款占比：存款是客户对银行认可度的一种体现，境外存款占比可以体现银行在境外的认可度，但存款客户的类型也值得注意，外籍客户数量相比海外本国客户数量更能体现银行的国际化水平；

（4）境外雇员占比：境外雇员占比亦是体现银行国际化水平的一项重要指标，但某些银行业务对雇员数量的要求不高，因此应与其他指标相结合；

（5）境外营收占比：反映业务经营的基本状况，通过境外营业收入占比可以反映出银行的境外业务拓展情况；

（6）境外利润占比：反映银行境外盈利水平，十分重要，在数据可以获得的前提下，本指标均选取税前利润；

（7）布局国家占比：境外分支机构覆盖的国家与地区数目越多，说明该银行的国际化水平越高，主要体现的是银行境外分支机构的分布广度。同时，为与其他相对性指标保持一致，本指标以世界主要国家数（以各年联合国会员国与观察员国总数代替）为分母，对该指标进行相对化处理；

（8）境外分支机构占比：与机构所在国家数相区别，本指标重在体现银行境外分支机构的分布深度，境外分支机构占比越高，国际化程度越高；

（9）跨境并购数量：跨境并购是银行海外扩张的重要方式之一，这一活动的多寡可以反映出银行进行海外扩张的积极意愿；

（10）跨境并购金额：这一指标是对跨境并购数目的深化，更为具体地体现出各家银行在跨境并购活动中的差异。

2.3　BII 研究对象

BII 以全球银行为主要研究对象，历经六年，银行池不断扩大。2020 年，报告关注了 40 个国家近 150 家银行的国际化发展情况，并对其中数据较为全面的 86 家银行进行了 BII 测算，这 86 家参与 BII 排名的银行总资产规模达 80 万亿美元，占全球银行业资产规模的 63%，是全球 GDP 的 91%。

与此同时，考虑到各家银行规模、国际影响力的巨大差异，报告将 86 家银行分为全球性银行与区域性银行两大类别，分别对其进行 BII 排名，以尽可能保证科学性与实践性的统一。全球性银行共 49 家，来自 13 个国家，包含了全球系统重要性银行（G-SIBs）与《银行家》TOP50 银行中的主要金融集团，代表着最具全球影响力的银行梯队。区域性银行共 37 家，来自 21 个国家，重点关注以金砖国家（BRICS）为代表的新兴市场力量与"一带一路"沿线国家的银行发展。

全球性银行		
欧洲地区 德国：德意志银行 俄罗斯：俄联邦储蓄银行 法国：巴黎银行、BPCE银行集团、 　　　法国农业信贷、法国兴业银行、 　　　国民互助信贷银行 荷兰：荷兰合作银行、ING集团 瑞士：瑞士瑞信银行、瑞银集团 西班牙：西班牙对外银行、西班牙国际银行 意大利：联合圣保罗银行、联合信贷集团 英国：巴克莱银行、汇丰银行、苏格兰皇家 　　　银行、渣打银行	**亚洲及中东地区** 日本：农林中央金库、日本瑞穗金融集团、三井住友银行、三菱东京日联银行 中国：光大银行、交通银行、民生银行、兴业银行、招商银行、中国工商银行、中国建设银行、中国农业银行、中国银行、中信银行 **美洲地区** 加拿大：道明信托银行、丰业银行、 　　　　加拿大皇家银行 美国：道富集团、第一资本投资国际集团、 　　　高盛集团、富国银行、花旗银行、 　　　美国银行、摩根士丹利、摩根大通、 　　　纽约梅隆银行	**澳大利亚与非洲地区** 澳大利亚：澳联邦银行、 　　　　　澳新银行、 　　　　　西太平洋银行

区域性银行		
欧洲地区 瑞典：北欧联合银行 斯洛文尼亚：新卢布尔雅那银行	**美洲地区** 巴西：巴西银行、布拉德斯科银行 加拿大：加拿大帝国商业银行	**大洋洲及非洲地区** 澳大利亚：澳大利亚国民银行 南非：莱利银行、南非标准银行、 　　　南非联合银行
亚洲及中东地区 阿联酋：阿布扎比银行、马士礼格银行 巴基斯坦：Allied银行、Habib银行、MCB银行 巴林：国民联合银行 哈萨克斯坦：哈萨克斯坦人民银行 韩国：友利银行 马来西亚：马来亚银行 孟加拉国：锡兰商业银行、伊斯兰银行 泰国：盘谷银行、暹罗商业银行	土耳其：土耳其担保银行 新加坡：大华银行、华侨银行、星展银行 以色列：以色列工人银行 印度尼西亚：曼迪利银行、印度尼西亚国家银行、 　　　　　　印度尼西亚人民银行、中亚银行 印度：巴罗达银行、旁遮普银行、印度银行 约旦：阿拉伯银行 中国：广发银行、平安银行	

图 2-1　BII 银行池

2.4　BII 数据处理

报告的分析数据均来自各家银行的公开年度报告。对同时发布 A 股和 H 股年报的中资银行，选取其 A 股年度报告作为原始资料来源；外资银行的年报，以美国证监会网站 10-k、20-F 类型文件及各家银行官网披露文件为准。

报告对国际化的考察主要为"境外地区"，对中资银行而言，港澳台均以境外地区计算，主要是考虑到港澳台的市场规则、开放程度等更接近国际市场，中资银行在这些地区的业务尝试与探索亦是对国际市场的接触与适应。而外资银行的 BII 在测算过程中则可能受到数据可得性的限制，如有多家银行在年度报告中，将境外数据归入其他地区统一报告，无法进行详细区分，报告将对此类银行境外地区的数据予以近似处理。

对于数据缺失的情况，报告采取两种方式进行处理。一是对数据缺失时间较短（1~2 年）、有平稳发展规律的指标数据，采用适当增长率的方法进行合理估计，估值尽可能地考虑发展趋势和各类影响因素。虽然估计值会与真实值有所出入，但其差异较小，不会对 BII 造成实质性的影响。二是对数据缺失年限较长、无法进行合理估值的银行数据，报告会将相关银行从 BII 计算样本中重新放入银行观察池，等其数据完善后再次纳入国际化评价体系。

值得注意的是，BII 体系是开放且保持动态调整的。一方面，随着越来越多的银行走向国际市场，会有更多银行机构对境外数据进行披露报告，信息的透明度会大大提高；另一方面，报告也将不断考察，将更多适宜的指标纳入 BII 的评价体系当中，依据各阶段的现实情况对指标体系进行调整和完善，力求提高银行国际化指数的准确性和科学性，为全球银行的国际化经营提供更多、更好、更直观的决策依据。

第 3 章　Chapter 3

从BII表现解读全球银行国际化

银行国际化指数（BII）从境外资产积累、境外经营成果、全球区域布局三方面衡量全球银行的国际化水平，本章从全球性银行与区域性银行的 BII 排名说起，深入分析全球银行在上述三个方面的国际化特点。

3.1　全球银行国际化水平

为更加科学合理地展现全球银行的国际化水平，本节对 49 家全球性银行与 37 家区域性银行的 BII 排名进行分组考察与对比分析，从历史维度来看，全球银行在近十年的国际化水平呈现小幅稳步上升的态势；从当年表现来看，全球性银行排名变动较小，仍以发达国家银行为第一梯队主力，区域性银行第一梯队来源则更为丰富，来自不同国家的银行均展现了一定的国际化实力。

3.1.1　小步慢走：全球银行十年 BII 发展

从历史视角来看，全球性银行与区域性银行的国际化水平在近十年均实现了稳步提升（见图 3-1）。全球性银行均为系统重要性银行或《银行家》资产规模 TOP50 银行，其 BII 平均得分在 2010 年便已达 26.86 分，后经过三年的"低迷"时期，于 2014 年突破 27 分并连续三年稳定在 28 分左右，自 2017 年

图 3-1　2010—2019 年全球银行 BII 均值①

（资料来源：浙大 AIF）

---

①　图 3-1 中 BII 均值分别根据 21 家和 23 家十年 BII 数值均可得的全球性银行与区域性银行数据计算得到。

起再次经历一波成长期，至 2019 年 BII 达 29.18 分，为近十年国际化最高水平，相比 2010 年增长 8.64%。区域性银行主要来自加拿大、澳大利亚、日本、韩国、新加坡等发达国家和中国、俄罗斯、印度、南非、巴西等金砖国家以及泰国、土耳其、阿联酋等"一带一路"沿线国家，其 BII 平均得分在 2010 年为 15.71 分，之后与全球性银行不同，在 2011—2013 年实现了平稳增长，同样在 2014 年实现一定突破（超过 17 分）后，在 2015 年又有所回落，但在其后五年呈现了平稳增长态势，2019 年 BII 平均得分为 17.22 分，仅次于 2014 年的最高水平，相比 2010 年 BII 均值增长了 9.63%。所以，总体来看，不管全球性银行还是区域性银行的 BII 发展均反映出全球银行业的国际化水平在近十年有所增长，但年均增长率仅为 1%，增幅较小。

此外，对比全球性银行与区域性银行的 BII 数据可以发现，近十年间，两类银行的国际化水平差距先缩小后扩大。2012 年，两者 BII 均值分差不足 10 分，近三年再次恢复到 11 分以上的水平，但倍数关系趋于稳定，全球性银行 BII 均值连续三年保持为区域性银行 BII 均值的 1.69 倍。无论是两类银行 BII 均值的缓慢爬升，还是其差距的长期稳定，都在一定程度上反映出银行及金融机构国际化的时间积累特征，跨境发展的成果实现需要较长时间的铺垫，厚积才能薄发。与此同时，近年来全球经济的低迷、逆全球化力量的兴起及风险事件的增多也对两类银行的国际化发展产生了影响，其中区域性银行因为自身境外经营的经验不足，其应对风险的能力较弱，相比全球性银行，国际化发展可能更为吃力。

3.1.2　日积月累：2019 年全球性银行 BII 排名

对 49 家全球性银行 2019 年的 BII 得分进行计算，可以得到全球性银行国际化排名（见表 3-1）。2019 年，渣打银行（BII 得分 62.71 分）仍然占据全球性银行国际化榜单的首位，汇丰银行、西班牙国际银行、花旗集团、荷兰国际集团、瑞士瑞信银行分列其后，BII 得分均超过 50 分，即这些银行在境外经营的比重与境内旗鼓相当甚至超过境内市场，实现了真正的全球经营。此外，BII 得分在 50 分以上、40~50 分、30~40 分、20~30 分、10~20 分、0~10 分的银行比例为 6：5：10：7：8：13，全球性银行的国际化水平在中位与低位均有聚集。

表 3-1 2019 年全球性银行 BII 排名

排名	全球性银行		BII 得分
1	渣打银行	Standard Chartered	62.71
2	汇丰银行	HSBC Holdings	59.16
3	西班牙国际银行	Banco Santander	57.92
4	花旗集团	Citigroup	54.92
5	荷兰国际集团	ING Bank	53.23
6	瑞士瑞信银行	Credit Suisse	51.83
7	德意志银行	Deutsche Bank	46.28
8	三菱东京日联银行	Mitsubishi UFJ FG	45.10
9	瑞银集团	UBS Group	43.43
10	联合信贷集团	Unicredit Group	42.04
11	法国巴黎银行	BNP Paribas	41.66
12	丰业银行	Scotiabank	39.45
13	法国兴业银行	Société Générale	39.19
14	巴克莱银行	Barclays Bank	36.73
15	日本瑞穗金融集团	Mizuho FG	35.20
16	加拿大皇家银行	Royal Bank of Canada	34.60
17	荷兰合作银行集团	Rabobank Group	33.41
18	高盛集团	Goldman Sachs	32.33
19	道明加拿大信托银行	TD Canada Trust	30.58
20	法国农业信贷银行	Groupe Crédit Agricole	30.53
21	美国道富银行	State Street Corp	30.48
22	澳新银行	ANZ Group	28.66
23	中国银行	Bank of China	27.68
24	纽约梅隆银行	Bank of New York Mellon	27.44
25	三井住友银行	SMBC	26.61
26	摩根士丹利	Morgan Stanley	25.07
27	法国 BPCE 银行集团	Groupe BPCE	21.73
28	摩根大通	JP Morgan Chase	21.15
29	联合圣保罗银行	Intesa Sanpaolo	19.74
30	中国工商银行	ICBC	17.79
31	国民互助信贷银行	Credit Mutuel	14.12

续表

排名		全球性银行	BII 得分
32	美国银行	Bank of America	13. 84
33	澳大利亚联邦银行	Commonwealth Bank of Australia	12. 13
34	西太平洋银行	Westpac Banking Corporation	12. 08
35	富国银行	Wells Fargo	10. 80
36	毕尔巴鄂比斯开银行	Banco Bilbao Vizcaya Argentaria	10. 44
37	交通银行	Bank of Communications	8. 83
38	苏格兰皇家银行	Royal Bank of Scotland	8. 55
39	俄联邦储蓄银行	Sberbank	8. 39
40	中国建设银行	China Construction Bank	7. 92
41	中国农业银行	Agricultural Bank of China	6. 33
42	第一资本投资集团	Capital One Financial Corp	5. 51
43	中信银行	China Citic Bank	4. 28
44	中国民生银行	China Minsheng Bank	4. 23
45	上海浦东发展银行	Shanghai Pudong Development Bank	4. 21
46	中国光大银行	China Everbright Bank	2. 89
47	招商银行	China Merchants Bank	2. 89
48	农林中央金库	The Norinchukin Bank	2. 71
49	兴业银行	Industrial Bank	2. 12

资料来源：浙大 AIF。

此外，全球性银行 TOP20 的 BII 均值为 43. 52 分，是第 21~49 名 BII 均值（13. 40 分）的 3 倍多，两个梯队差距明显。就第一梯队而言，进入 BII 排名 TOP20 的全球性银行均来自发达国家，其国际化水平远高于新兴国家银行，这些银行所在的国家市场开放更早，其国际化发展历史也更为悠久，国际化水平相应也就更高，可见银行国际化水平的提升需要长久的积累，非朝夕可至之事。此外，TOP20 中，亚洲美洲共拥有 7 家银行，欧洲则独占半壁江山（13 家），渣打银行更是连续六年成为全球最国际化的银行，欧洲各银行的国际化区位优势十分明显。就第二梯队而言，全球性中资银行全部集中在这一梯队，包括进入 BII 前 30 名的中国银行（第 23 名，BII 得分 27. 68 分）和中国工商银行（第 30 名，BII 得分 17. 79 分），其余 9 家中资银行则位于第 37~49 名。这 11 家中资银行或为全球系统重要性银行，或进入《银行家》资产规模 TOP50，但国际化表现较弱，在一定程度上反映出中资银行整体仍然面临"大而不强"的挑战。

3.1.3 百花齐放：2019 年区域性银行 BII 排名

对 37 家区域性银行 2019 年的 BII 得分进行计算，可以得到区域性银行国际化排名（见表 3-2）。2019 年，北欧联合银行（BII 得分 52.58 分）保持区域性银行国际化榜首地位，约旦阿拉伯银行、巴林国民联合分列第二、第三名，BII 得分均超过 40 分，即区域性银行的前三名在境外经营的比重也几乎与境内平齐，区域内的国际化发展较为突出。但相比全球性银行，区域性银行的国际化发展仍然较弱。一方面，区域性银行 BII 得分在 50 分以上、40~50 分、30~40 分、20~30 分、10~20 分、0~10 分的银行比例为 1∶2∶2∶5∶9∶18，一半银行的国际化水平集中在低分区，远高于全球性银行。另一方面，尽管部分（高分区）区域性银行的 BII 得分高于部分全球性银行，但两者高分区银行的国际化水平差距显著，全球性银行 TOP20 的 BII 均值为 43.52 分，区域性银行 TOP20 的 BII 得分为 22.89 分，前者接近后者 2 倍。

表 3-2 2019 年区域性银行 BII 排名

排名	区域性银行		BII 得分
1	北欧联合银行	Nordea Bank	52.58
2	阿拉伯银行	Arab Bank	48.63
3	国民联合银行	Ahli United Bank	40.74
4	大华银行	United Overseas Bank	31.08
5	华侨银行	Oversea-Chinese Banking Corporation	30.33
6	新卢布尔雅那银行	Nova Ljubljanska Banka	27.22
7	新加坡星展银行	Development Bank of Singapore	26.25
8	马来亚银行	Maybank	25.42
9	标准银行	Standard Bank	23.65
10	马士礼格银行	Mashreq Bank	22.80
11	加拿大帝国商业银行	Canadian Imperial Bank of Commerce	17.87
12	南非联合银行集团	ABSA Group	15.60
13	澳大利亚国民银行	National Australia Bank	15.46
14	巴罗达银行	Bank of Baroda	13.17
15	南非莱利银行	Nedbank	13.15
16	盘谷银行	Bangkok Bank	12.24

续表

排名	区域性银行		BII 得分
17	锡兰商业银行	Commercial Bank of Ceylon	11.09
18	印度国家银行	State Bank of India	11.05
19	Habib 银行	Habib Bank	10.32
20	哈萨克斯坦人民银行	Halyk Bank	9.06
21	友利银行	Wooribank	8.88
22	阿布扎比商业银行	Abu Dhabi Commercial Bank	8.86
23	巴西银行	Banco do Brasil	6.90
24	以色列工人银行	Bank Hapolim	4.55
25	印度尼西亚国家银行	Bank Negara Indonesia	4.17
26	布拉德斯科银行	Banco Bradesco	4.00
27	旁遮普国家银行	Punjab National Bank	3.89
28	土耳其担保银行	Turkiye Garanti Bankasi	3.44
29	曼迪利银行	Bank Mandiri	3.39
30	暹罗商业银行	Siam Commercial Bank	2.95
31	MCB 银行	MCB bank	2.95
32	伊斯兰银行	Islami Bank Bangladesh	1.97
33	印度尼西亚人民银行	Bank Rakyat Indonesia	1.91
34	Allied 银行	Allied Bank	1.82
35	中国广发银行	China Guangfa Bank	1.01
36	亚洲中央银行	Bank Central Asia	0.56
37	平安银行	Pingan Bank	0.37

资料来源：浙大 AIF。

　　具体来看，区域性银行 TOP20 的 BII 均值为 22.89 分，是第 21~37 名 BII 均值（3.62 分）的 6 倍多。但区域性银行的 TOP20 更加多元，来自 15 个国家的银行进入了 TOP20 的阵营（全球性银行 TOP20 来自 10 个国家）。其中总部位于瑞典的北欧联合银行仍是区域性银行中国际化水平的最高者；新加坡大华银行、华侨银行、星展银行均进入 TOP10，反映出新加坡强劲的国际金融力量；而南非、印度亦各有 3 家、2 家银行进入 TOP20，代表了金砖国家的力量。

　　此外，更加值得我们关注的是"一带一路"沿线银行的国际化发展。图 3-2 选择了 26 家在近十年数据较为完整的沿线银行计算其 BII 均值，我们可以发现，这 26 家沿线银行的 BII 均值从 2010 年的 11.69 分上升至 2019 年的

14.41 分，提高了 23%，国际化水平进步显著。截至 2019 年 7 月底，"一带一路"沿线国家人口约占全球人口的 47.6%，对外贸易额约占全球贸易额的 27.8%，市场体量庞大，国际化潜力无限。

图 3-2　2010—2019 年"一带一路"沿线银行 BII 均值①

（资料来源：浙大 AIF）

3.2　全球银行境外资产积累

作为银行国际化发展的重要基础，境外资产的积累也反映了银行对境外市场的长期探索结果，本节主要从历史视角、银行视角、国家视角三个维度观察全球银行境外资产表现。

3.2.1　波动上升：全球银行十年境外资产变化

图 3-3 选择 60 家境外资产数据较为全面的银行，对其 2010—2019 年境外资产规模与占比进行测算，得到近十年间全球银行业境外资产的变动情况。可以发现，全球银行的境外资产规模与占比在近十年间呈现波动上升的趋势。从境外资产规模来看，2010 年全球银行境外资产规模总量尚不足 15 万亿美元，2011 年规模增长 6.09% 至 15.64 万亿美元，之后 4 年虽有增有减但境外资产规模总量均保持在 15 万亿美元以上，2015—2016 年银行境外资产规模有明显下降（2015 年降幅达 7.64%），之后波动回升，2019 年全球银行境外资产规模总量达 16.49 万亿美元，是近十年的最高水平，相比 2010 年增长 11.89%。

---

①　BII 长期跟踪 90 家"一带一路"沿线国家银行的国际化发展，图 3-2 中 BII 均值根据 26 家十年 BII 数值可得的"一带一路"沿线银行数据计算得到。

从境外资产占比来看，全球银行境外资产占比均值在 2010—2014 年始终保持着较为稳定的增长趋势，从 24.56%（2010 年）增长至 26.83%（2014 年），年均增长率为 2.24%，2015—2016 年，境外资产占比均值出现下降至 26.05%，之后保持平稳，2019 年全球银行境外资产占比均值再次回升至 26.92%，相比 2010 年境外资产均值提升 9.61%。

图 3-3　2010—2019 年全球银行境外资产规模与占比①

（资料来源：浙大 AIF，各银行历年年报）

全球银行境外资产规模的波动反映出银行业境外资产积累的主要特征。首先，银行境外资产积累非朝夕之事，多需要依托境外分支机构的建立或跨境并购的完成，因此资产规模与占比均无法在短期内发生大幅变化，因而全球银行境外资产近十年的年均波动幅度基本不超过 1%。其次，银行机构作为金融市场的重要参与主体，其境外经营受全球政治、经济、金融环境的影响，也反映了全球化的风向：2013 年，英国前首相卡梅伦首次提及脱欧公投，2016 年，特朗普当选美国第 45 任总统，逆全球化的声音在这几年逐渐增多，全球银行的境外发展也相应收缩。最后，境外资产占比与规模并非同步变动，境外资产占比的变动反映的是银行在国内外市场间的力量权衡，而在全球经济环境低迷的背景下，部分银行的收缩策略可能是"两权相害取其轻"的决策结果，因为国内市场是大多数银行更为重要的根据地与落脚点。

3.2.2　集中度高：2019 年全球银行境外资产排名

报告考察了 93 家样本银行的资产情况，并根据 2019 年境外资产规模与占

---

①　图 3-3 中境外资产规模总量与境外资产占比均值根据 60 家十年境外资产数值可得的银行数据计算得到，所有银行境外资产规模根据当年 12 月 31 日汇率数据换算为美元。

比数据对相关银行进行了排名，表 3-3 展现了资产维度排名前 20 的银行。从资产规模排名来看，汇丰银行（英国）、西班牙国际银行（西班牙）、三菱东京日联（日本）、花旗集团（美国）、中国银行（中国）分列第 1~5 名，境外资产规模均值达 1.27 万亿美元，且在境外资产规模上，欧、亚、美三洲的头部银行均表现良好，呈现势均力敌之态。从境外资产占比排名来看，国民联合银行（巴林）、西班牙国际银行（西班牙）、北欧联合银行（瑞典）、汇丰银行（英国）、荷兰国际集团（荷兰）分列第 1~5 名，境外资产占比均值达 75%，除国民联合银行较为特殊外，其余四家银行均来自欧洲，欧洲地区的跨国经营优势十分显著。

表 3-3　2019 年全球银行资产规模与占比 TOP20[①]

项目	境外资产规模排名		境外资产占比排名	
1	汇丰银行	HSBC Holdings	国民联合银行	Ahli United Bank
2	西班牙国际银行	Banco Santander	西班牙国际银行	Banco Santander
3	三菱东京日联	MUFG	北欧联合银行	Nordea Bank
4	花旗集团	Citigroup	汇丰银行	HSBC Holdings
5	中国银行	Bank of China	荷兰国际集团	ING Bank
TOP5 均值	12717.92 亿美元		75.44%	
6	德意志银行	Deutsche Bank	渣打银行	Standard Chartered
7	荷兰国际集团	ING Bank	瑞士瑞信银行	Credit Suisse
8	日本瑞穗	Mizuho FG	阿拉伯银行	Arab Bank
9	摩根大通	JP Morgan Chase	联合信贷集团	Unicredit Group
10	巴克莱银行	Barclays Bank	花旗集团	Citigroup
TOP10 均值	9666.59 亿美元		69.59%	
11	中国工商银行	ICBC	德意志银行	Deutsche Bank
12	瑞士瑞信银行	Credit Suisse	加拿大皇家银行	RBC
13	联合信贷集团	Unicredit Group	道明加拿大信托	TD Canada Trust
14	加拿大皇家银行	RBC	马士礼格银行	Mashreq Bank
15	渣打银行	Standard Chartered	马来亚银行	Maybank
16	法国巴黎银行	BNP Paribas	丰业银行	Scotiabank
17	道明加拿大信托	TD Canada Trust	华侨银行	OCBC

---

① 表 3-3 中银行境外资产规模根据 2019 年 12 月 31 日汇率数据换算为美元。

续表

项目	境外资产规模排名		境外资产占比排名	
18	法国兴业银行	Société Générale	大华银行	UOB
19	三井住友银行	SMBC	巴克莱银行	Barclays Bank
20	北欧联合银行	Nordea Bank	三菱东京日联	MUFG
TOP20 均值	7388.74 亿美元		56.51%	

资料来源：浙大 AIF。

总体而言，全球银行境外资产规模与占比的排名反映了当前银行境外发展的三个特点。一是境外发展资源集中度高：境外资产规模 TOP20 银行的境外资产均值为 7388.74 亿美元，是 93 家参与测算银行均值（2249.54 亿美元）的 3 倍，TOP20 银行的境外资产规模总量为 14.78 万亿美元，占 93 家测算银行的 70%；境外资产占比 TOP20 银行的境外资产占比均值为 56.51%，超 93 家测算银行均值（22.76%）的 2 倍。二是头部银行地域集中度高：境外资产规模 TOP20 银行中，11 家来自欧洲地区，超过亚洲和美洲银行的总和；境外资产占比 TOP20 银行中，也有 9 家来自欧洲地区，几乎占据半壁江山。三是银行境外规模的"大"与"深"表现各异：一方面，仍有以汇丰银行、西班牙国际集团、花旗集团等为代表的 13 家银行在境外资产规模与占比中均进入 TOP20，反映了其境外资产积累的真正实力；另一方面，部分银行的境外资产积累具有明显的"偏科"表现，如中国银行 2019 年境外资产规模达 9001.57 亿美元，进入规模排名 TOP5，但境外资产占比仅为 27.58%，"大而不深"的特征显著，又如巴林国民联合银行，尽管其 2019 年境外资产占比高达 83.70% 且居占比排名榜首，但其境外资产规模仅为 337.13 亿美元，不足 93 家测算银行境外资产规模均值的 1/6，因而其境外资产占比的高水平并不是其境外发展强实力的真正反映。

3.2.3　英美引领：从国家视角看境外资产表现

报告考察对 93 家境外资产数据较全的样本银行按照国家进行分类，测算并展现各国银行整体的境外资产表现（见图 3-4）。从国家视角来看，4 家英国银行（境外资产规模总计 3.1 万亿美元）与 9 家美国银行（境外资产规模总计 3.0 万亿美元）拥有最多的银行境外资产，且英国银行的境外资产占比（平均 47.3%）相比美国各家银行（平均 26.3%）更高。15 家中资银行境外资产规模总计 2.29 万亿美元，仅次于日本（2.30 万亿美元），但各银行境外资产占比均值仅为 6%。在境外资产占比上，瑞典以北欧联合银行为主要代表，境外资产占比为 48.6%，表现突出。

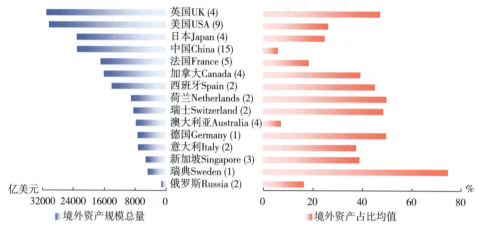

图 3-4　2019 年各国银行境外资产规模与占比①

（资料来源：浙大 AIF）

值得注意的是，图 3-4 仅是对各国银行境外资产积累的模糊体现，其结果在一定程度上取决于纳入测算的银行数量与国际化水平，但这一非精准测量也的确反映出当前各国银行业/金融业走向全球的基本特点。首先，英国与美国在金融全球化的发展上相比其他国家具有绝对的领导地位，而受到地域环境与国内市场规模的影响，其金融机构全球化的规模与深度又有显著的不同。其次，日本与中国作为亚洲经济发展的领头人，其金融全球化程度正在日益加深，但相比日本，中国国内市场空间更为广阔，境外发展比重不及国内市场。最后，欧洲金融市场的国际化（区域一体化）水平整体较高，这一特点在一定程度上源于各国国内市场规模较小，地缘相近的区位特征也推动了欧洲地区内国与国之间频繁的金融交流。

3.3　全球银行境外营收成果

相比境外资产积累，境外营收更容易受到当年经济形势的影响，本节同样从历史视角、银行视角、国家视角三个维度观察全球银行境外营收表现，并通过与全球银行境外营收表现的对比挖掘银行跨国经营的特点。

---

① 图 3-4 中国家名称后数字表示纳入测算的银行数量，所有银行境外资产规模根据 2019 年 12 月 31 日汇率数据换算为美元。

3.3.1 先降后升：全球银行十年境外营收变化

图 3-5 选择 59 家境外营收数据较为全面的银行，对其 2010—2019 年境外营收规模与占比进行测算，得到近十年间全球银行业境外营收的变动情况。可以看到，全球银行的境外营收规模与占比在近十年间先后出现了先下降后上升的趋势。从境外营收规模来看，2010 年全球银行境外营收规模接近 5000 亿美元，且自 2011 年起出现连年下降，直至 2016 年境外营收规模降至 4187.10 亿美元，年均缩减率达 2.91%，2017 年，境外营收规模大幅增加 13.36% 至 4746.64 亿美元，之后三年规模水平均保持在 4700 亿美元之上，2019 年境外营收规模为 4842.53 亿美元，仍然低于 2010 年的境外营收规模水平。从境外营收占比来看，全球银行境外营收占比仅在 2010—2012 年呈现下降趋势（从 27.47% 下降至 26.46%），2013 年后几乎连年上升（仅 2015 年有小幅波动），2019 年，全球银行境外营收占比升至 28.95%，年均增长率为 1.29%，相比 2010 年的境外营收占比水平提高 5.37%。

图 3-5　2010—2019 年全球银行境外营收规模与占比①

（资料来源：浙大 AIF，各银行历年年报）

近十年全球银行境外营收规模的波动情况在一定程度上反映了银行跨境经营的不易。首先，全球银行业的境外营业收入规模在 2010—2016 年经历了显著的缩减，这段时间正是 2008 年国际金融危机过后、世界经济增长乏力之时，

---

① 图 3-5 中境外营收规模总量与境外营收占比均值根据 59 家十年境外营收数值可得的银行数据计算得到，所有银行境外营收规模根据当年 12 月 31 日汇率数据换算为美元。

经济低迷的影响在金融业的发展上得到了充分体现。其次，境外营收占比的变化与规模并不完全同步，除 2010—2012 年出现同步下跌外，境外营收占比在规模持续下降的同时出现回升，说明全球银行业不仅在境外市场遭遇挫折，境内营收也在同步下降，这也进一步印证了部分银行"回归本土"战略的必要性。最后，相比境外资产，一方面境外营收规模的波动更加明显，受当年或短期经济金融环境的影响更加显著，另一方面，两者境外占比均在 26%~28%，各家银行境外经营成果与资产积累的表现基本相符。

3.3.2　亚洲亮眼：2019 年全球银行境外营收排名

报告考察了 89 家样本银行的营收情况，并根据 2019 年境外营收规模与占比数据对相关银行进行了排名，表 3-4 展现了营收维度排名前 20 的银行。从营收规模排名来看，西班牙国际银行（西班牙）、花旗集团（美国）、汇丰银行（英国）、三菱东京日联（日本）、法国巴黎银行（法国）分列第 1~5 名，境外营收规模均值达 413.12 亿美元，且与境外资产规模排名相比，前 5 名银行中仅有 1 家银行不同，巴黎银行的境外营收表现超过了中国银行，进入境外营收规模 TOP5。从境外营收占比排名来看，渣打银行（英国）、西班牙国际银行（西班牙）、瑞银集团（瑞士）、汇丰银行（英国）、北欧联合银行（瑞典）分列第 1~5 名，境外营收占比均值接近 80%，TOP5 银行均来自欧洲，相比规模 TOP5 地域更为集中。

表 3-4　2019 年全球银行营收规模与占比 TOP20[①]

项目	境外营收规模排名		境外营收占比排名	
1	西班牙国际银行	Banco Santander	渣打银行	Standard Chartered
2	花旗集团	Citigroup	西班牙国际银行	Banco Santander
3	汇丰银行	HSBC Holdings	瑞银集团	UBS Group
4	三菱东京日联	MUFG	汇丰银行	HSBC Holdings
5	法国巴黎银行	BNP Paribas	北欧联合银行	Nordea Bank
TOP5 均值	413.12 亿美元		79.93%	
6	摩根大通	JP Morgan Chase	三菱东京日联	MUFG
7	瑞银集团	UBS Group	阿拉伯银行	Arab Bank
8	中国银行	Bank of China	荷兰国际集团	ING Bank

---

① 表 3-3 中银行境外资产规模根据 2019 年 12 月 31 日汇率数据换算为美元。

续表

项目	境外营收规模排名		境外营收占比排名	
9	中国工商银行	ICBC	法国巴黎银行	BNP Paribas
10	瑞穗金融集团	Mizuho FG	瑞士瑞信银行	Credit Suisse
TOP10 均值	308.33 亿美元		74.28%	
11	丰业银行	Scotiabank	联合信贷集团	Unicredit Group
12	德意志银行	Deutsche Bank	花旗集团	Citigroup
13	高盛集团	Goldman Sachs	德意志银行	Deutsche Bank
14	瑞士瑞信银行	Credit Suisse	法国兴业银行	Société Générale
15	法国兴业银行	Société Générale	丰业银行	Scotiabank
16	荷兰国际集团	ING Bank	瑞穗金融集团	Mizuho FG
17	渣打银行	Standard Chartered	荷兰合作银行	Rabobank Group
18	加拿大皇家银行	RBC	法国农业信贷	Groupe Crédit Agricole
19	道明加拿大信托	TD Canada Trust	高盛集团	Goldman Sachs
20	联合信贷集团	Unicredit Group	巴克莱银行	Barclays Bank
TOP20 均值	225.57 亿美元		63.34%	

资料来源：浙大 AIF。

与境外资产排名相比，全球银行境外营收规模与占比的排名也具有三个特点。一是境外经营实力在一定程度上体现了"马太效应"：境外营收规模 TOP20 银行的境外营收总量为 225.57 亿美元，占 89 家参与测算银行的 70%；同时，无论是境外营收的规模 TOP5 还是占比 TOP5 银行，均与资产规模与占比的 TOP5 银行几乎重叠，头部银行的已有优势在一定程度上使其境外发展具有了"强者恒强"的惯性。二是亚洲银行的境外经营相比其资产积累更加亮眼：来自日本的三菱东京日联、瑞穗金融集团与来自中国的中国银行、中国工商银行均进入境外营收规模 TOP10，亚洲地区占据十强 4 席，与欧洲（4 家）平齐，超过美洲（2 家），境外经营成果丰硕；当然，在境外营收占比上，亚洲银行仍然较弱，仅日本三菱东京日联与约旦阿拉伯银行进入境外营收占比十强，中资银行均未进入前 30 名。三是相比境外资产积累，境外营收的规模与占比匹配度更高：在境外营收的排名榜单中，共有 15 家银行在规模与占比上均进入 TOP20，跨境经营的整体实力更强；摩根大通、中国银行、中国工商银行、加拿大皇家银行、道明加拿大信托银行 5 家来自美国、中国与加拿大的银行均进入营收规模 TOP20 却未进入营收占比 TOP20，北欧联合银行、约旦阿拉伯银行、荷兰合作银行、法国农业信贷、巴克莱银行 5 家主要来自欧洲的银行（除阿拉伯银行）则未进入规模TOP20，这一对比也较为直接地反映出亚、美市场与欧洲市场的不同，相比欧洲市场，亚洲（尤其是中国）和美洲（尤其是北美）国家地域辽阔，跨境经营的地域优势较弱，且内部市场空间较大，境外经营实力虽强但相比国内市场占比往往不高。

3.3.3　美国突出：从国家视角看境外营收表现

报告对89家境外营收数据较全的样本银行按照国家进行分类，测算并展现各国银行整体的境外营收表现（见图3-6）。从国家视角来看，9家美国银行在2019年境外营收规模最大（1264.61亿美元），超出4家英国银行境外营收总额（706.22亿美元）79.07%，法国（5家银行697.80亿美元）、日本（639.08亿美元）、中国（13家银行547.00亿美元）分列第3~5位，境外营收规模均超过500亿美元，代表了美洲、欧洲、亚洲银行的最佳跨境经营实力。但在境外营收占比上，中资银行的境外营收占比均值（5.96%）远低于其他4个国家（平均境外营收占比41.45%）。

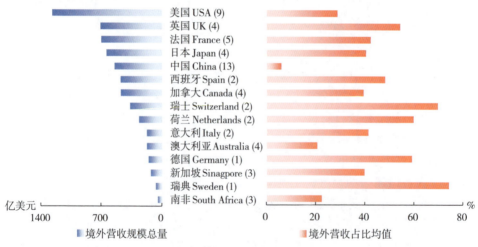

图3-6　2019年各国银行境外营收规模与占比①

（资料来源：浙大AIF）

同样，图3-6对各国银行境外营收的呈现也受到了测算银行数量与国际化水平的约束，但与各国银行境外资产状况进行对比，也能发现当前银行国际化

———————————

① 图3-6中国家名称后数字表示纳入测算的银行数量，所有银行境外营收规模根据2019年12月31日汇率数据换算为美元。

的一些特点。第一，英国与美国代表性银行境外资产规模相近而境外营收规模差距较大，体现出英美两国金融国际化的发展均有较长时期的积累，但就目前而言，美国银行业境外经营的实力与效果更优于英国银行。第二，相比境外资产规模较为明显的分段特征，境外营收规模除美国外，其余各国差距相对较小，即各国头部跨国银行均已具备一定的跨国经营能力与特色且能较好地维持自身的跨国经营地位。第三，图 3-4 与图 3-6 均展现了银行境外资产与营收表现最优的 TOP15 国家，两份榜单中的国家几乎重合，仅第 15 名分别为俄罗斯（资产视角）与南非（营收视角），一方面再次印证了全球国际化头部国家地位的稳固，另一方面两者皆为金砖国家的现象也体现了金砖国家银行在国际化发展上的基本水平。

3.4　全球银行境外机构布局

受相关业务的限制，目前银行的发展依然无法完全脱离线下渠道，因而境外分支机构的分布广度与深度便在很大程度上影响了银行境外发展的空间与潜力。

3.4.1　三洲相持：2019 年全球银行布局国家表现

本报告认为，银行的境外布局广度主要体现在其境外分支机构所覆盖的国家或地区数目上，反映了银行对不同市场的拓展意愿以及在不同市场中的适应能力。根据对 67 家银行十年布局情况的跟踪与测算，报告发现全球银行在近十年间整体保持了境外市场开拓的稳定。2010—2013 年，67 家银行的布局国家/地区数均值为 22 个左右，2014—2019 年则维持在 23 个，并无明显大幅波动，尽管在此期间有银行大力拓展境外市场（如中国银行分支机构覆盖国家/地区数从 34 个增长至 62 个，年均增长率达 6.90%；中国工商银行分支机构覆盖国家/地区数从 28 个增长至 49 个，年均增长率达 6.42%），亦有银行逐步收缩海外发展（如法国农业信贷银行分支机构覆盖国家/地区数从 70 个减少至 48 个，年均降幅达 4.11%；加拿大皇家银行分支机构覆盖国家/地区数从 52 个减少至 36 个，年均降幅达 4.00%）。表 3-5 对 2019 年布局国家/地区数目超过 30 个的 23 家银行进行了展现，它们也几乎代表了当前全球布局最为广泛的一批金融机构。

表 3-5　2019 年全球银行机构布局国家/地区数目

机构布局国家/地区数量	银行		所属国家
>60 个	花旗集团	Citigroup	美国
	法国巴黎银行	BNP Paribas	法国
	汇丰银行	HSBC Holdings	英国
	法国 BPCE 集团	Groupe BPCE	法国
	中国银行	Bank of China	中国
30~60 个	德意志银行	Deutsche Bank	德国
	渣打银行	Standard Chartered	英国
	三菱东京日联银行	MUFG	日本
	瑞士瑞信银行	Credit Suisse	瑞士
	巴克莱银行	Barclays Bank	英国
	中国工商银行	ICBC	中国
	法国农业信贷银行	Groupe Crédit Agricole	法国
	荷兰国际集团	ING Bank	荷兰
	南非莱利银行	Nedbank	南非
	日本瑞穗金融集团	Mizuho FG	日本
	加拿大皇家银行	Royal Bank of Canada	加拿大
	摩根大通	JP Morgan Chase	美国
	美国银行	Bank of America	美国
	纽约梅隆银行	Bank of New York Mellon	美国
	印度国家银行	State Bank of India	印度
	富国银行	Wells Fargo	美国
	中国建设银行	China Construction Bank	中国
	高盛集团	Goldman Sachs	美国

资料来源：浙大 AIF，各银行历年年报。

　　从布局广度来看，报告对 2019 年全球银行的境外市场拓展主要有两点发现。一方面，花旗集团、法国巴黎银行、汇丰银行、法国 BPCE 集团、中国银行 5 家银行集团全球布局超 60 个国家/地区，成为布局最为广泛的全球银行，且仍然以欧洲国家占据主导。另一方面，23 家银行的来源结构为欧洲：美洲：亚洲：非洲＝9：7：6：1，欧洲、美洲、亚洲三洲头部银行在境外布局广度上基本相当。此外，来自金砖五国的银行共有 5 家，接近头部银行的 1/4，新兴市场国家的金融力量正在逐步兴起。

3.4.2　各不相同：2019 年全球银行境外机构表现

相比境外布局广度，银行的境外布局深度主要体现在其境外分支机构的数量及占比上，反映了银行对境外市场线下渠道的铺设力度。图 3-7 选择 39 家境外机构数据较为全面的银行，对其 2010—2019 年境外机构规模与占比进行测算，得到近十年间全球银行业境外机构的变动情况。总体来看，全球银行境外机构的数量与占比均趋于下降，且数量表现更为明显。2010—2019 年，境外机构数量几乎呈现逐年下降的趋势，2019 年 39 家银行境外机构数量均值仅为 344 家，相比 2010 年减少 1/4；境外机构占比的变化则带有波动下降的趋势，2019 年境外机构占比均值为 13.15%，相比 2010 年仅下降 1.77%。境外机构数量与占比的下降一方面是全球经济增速放缓、风险事件增多、逆全球化风向共同作用的结果，以德意志银行、法国兴业银行为代表的一批国际银行在近些年陆续关闭了相当数量的境外分支机构（德意志银行 2019 年境外机构数量 599 家，相比 2010 年下降近 40%；法国兴业银行境外分支机构也从 3000 余家减少至 2000 余家）；另一方面也是互联网信息技术深入生产生活的反映，众多银行已经开始积极探索远程开户的可行方案以求提升线上获客能力。

图 3-7　2010—2019 年全球银行境外机构数量与占比①

（资料来源：浙大 AIF，各银行历年年报）

但需要注意的是，由于各家银行对境外分支机构的统计与报道口径可能存在较大差异，图 3-7 仅提供了一个较为模糊的趋势，而在实践中，不同银行境外机构的发展方式、规模等均存在较大差异，不可完全一言以蔽之。如图 3-8

①　图 3-7 中境外机构数量均值与境外机构占比均值根据 39 家十年间境外机构数值可得的银行数据计算得到。

所示，同样在 2010—2019 年的十年间，德意志银行、新加坡大华银行、中国工商银行的境外机构数量展现了完全不同的发展趋势，德意志银行境外分支结构明显下降；中国工商银行则以 8.64% 的年均增长率保持增长，2019 年境外分支机构数量达 428 家；新加坡大华银行的境外机构数量则始终保持在 450 家左右。尽管三家银行境外机构数量的发展趋势不同，但三者在境外机构占比上几乎都保持了较为稳定的水平，变动幅度均不甚明显，可见改变境外发展的深度是更为困难与持久的事情。

图 3-8　2010—2019 年部分银行境外机构数量与占比

（资料来源：浙大 AIF，各银行历年年报）

第 4 章　Chapter 4

从BII对比再看全球银行国际化

银行国际化指数（BII）从境外资产积累、境外经营成果、全球区域布局三方面衡量全球银行的国际化水平，但银行国际化往往与资本规模、品牌价值、市场关注等存在或深或浅的关系，本章从 BII 排名与三份榜单的对比出发，探索研究银行国际化的新视角，分析不同银行在这三个方面所展现的国际化特色。

4.1　国际化与资产规模：三类风格最具特色

一家银行的资产规模是其综合经营实力的基础，人们也往往倾向于认可大型银行集团的跨国经营能力，但是银行的国际化水平是否与其资产规模水平完全正向相关呢？本节利用全球性银行的 BII 排名与《银行家》一级资本排名进行对比，观察银行国际化水平与资产规模的关系。这里需要特别说明的是，报告中 49 家全球性银行中美国道富银行与纽约梅隆未进入 2019 年《银行家》TOP50 排名，所以图 4-1 仅展现其余 47 家银行在两个榜单中的排名情况。图 4-1 以 BII 排名体现国际化水平，排名越靠前，国际化水平越高；以《银行家》一级资本排名体现资产规模，排名越靠前，资产规模越大。

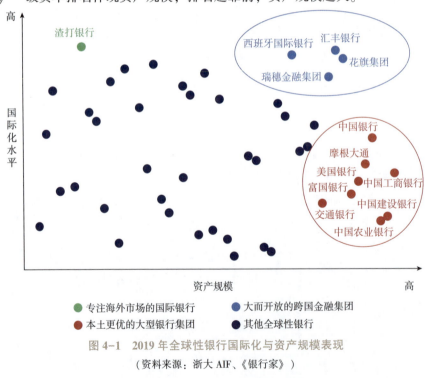

图 4-1　2019 年全球性银行国际化与资产规模表现

（资料来源：浙大 AIF、《银行家》）

我们可以发现，即使是国际化与资产规模水平整体较高的全球性银行，其两者间呈现出的关系也是多样的，国际化风格各不相同，而最具特色的主要包括三类银行。首先，资产规模小而国际化水平高的渣打银行可以认为是"专注海外市场的国际银行"，该行从成立之初便设海外分行，现有来自 125 个国家的员工服务 60 多个全球市场。其次，以汇丰银行、花旗集团、西班牙国际银行、日本瑞穗金融集团等为代表的银行则是"大而开放的跨国金融集团"，不仅国际化程度均进入 TOP20，银行资产规模也十分庞大，这类银行多依托本国发达的金融市场或显著的地理优势，在更为自由开放的市场规则下，实现了更好的国际化发展。最后，以美国摩根大通、美国银行、富国银行和中国工、农、中、建、交 5 家大型国有商业银行为代表的第三类银行则属于"本土更优的大型银行集团"，它们资产规模庞大，相比国际发展，在巨大的国内市场中有更为优异的表现，一方面，对美国的银行而言，本国的金融市场已经具有显著的国际化特色，可以满足当地银行的国际发展需求；另一方面，对中资银行而言，其国际化水平主要受限于较短的国际化发展时间，提升空间仍然较大。

总而言之，通过直观地对比全球性银行的国际化和资产规模水平，我们可以看到银行的国际化发展道路是千姿百态的，资产规模虽然是金融机构（尤其是银行机构）发展的重要依托，但在规模达到一定水平后，银行的国际化深度也并不全然与规模相关，更为重要的是银行在当前经济金融环境下对境外内市场的战略安排与拓展方向抉择。

4.2　国际化与品牌价值：软硬实力相辅相成

随着"软实力"在市场竞争中被人们愈加重视，跨国银行的品牌价值也逐渐成为大家关注的热点。银行的国际化水平越高，其品牌价值便越大吗？本节依然利用全球性银行的相关数据进行研究，国际化水平以 BII 排名表示，品牌价值则参考 2019 年《银行家》和 Brand Finance 联合发布的"2019 全球银行品牌 500 强"① 的排名进行衡量。需要特别说明的是，报告中 49 家全球性银行中法国 BPCE 集团和苏格兰皇家银行未进入"2019 全球银行品牌 500 强"榜单，仅有 36 家银行进入了品牌价值 TOP50 排名，图 4-2 便展现了这 36 家

---

① Brand Finance 是英国权威品牌价值咨询公司，其所发布的"全球银行品牌价值 500 强排行榜"采取现金流折现法，通过分析财务数据等方式评估银行的市场影响力、设立不同银行的品牌折现率等步骤测算出各银行的品牌价值。

银行在两个榜单中的排名情况。图 4-2 以 BII 排名体现国际化水平，排名越靠前，国际化水平越高；以"2019 全球银行品牌 500 强"排名体现品牌价值，排名越靠前，品牌价值越大。

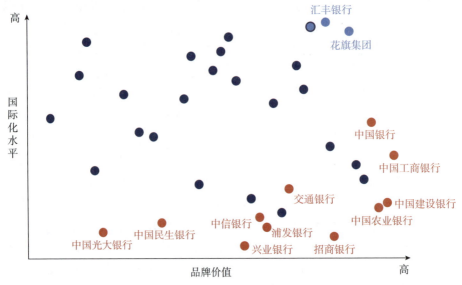

图 4-2　2019 年全球性银行国际化与品牌价值表现

（资料来源：浙大 AIF、《银行家》、Brand Finance）

我们可以看到，全球性银行的国际化水平与品牌价值相对而言较为匹配，但也出现了不同的表现。

首先，就 11 家全球性中资银行而言，其品牌价值整体较高，均进入了价值排名 TOP50，且呈现出较为明显的三个分组。工、建、农、中 4 家银行不仅在中资银行中国际化水平最高，且均分别位列品牌价值第 1~4 名，跨国经营已经取得了相当不错的成绩，品牌得到了市场的广泛认可；招商银行、交通银行、浦发银行、中信银行、兴业银行 5 家银行国际化水平较为一般，品牌价值也位列中资银行的第二分组，即其国际化发展水平尚未能推动其品牌价值的提升，与此同时，尽管招商银行国际化水平不及大型商业银行之一的交通银行，但其品牌价值更高；中国民生银行与光大银行国际化与品牌价值均有较大发展空间，但已开始迈入国际舞台。此外，尽管中国邮政储蓄银行和平安银行的国际化水平较低，但其品牌价值均进入了 TOP50 排名，分列第 26 位和第 44 位。

其次，在 BII 和"2019 全球银行品牌 500 强"两份榜单中，均进入前十名的银行为汇丰银行和花旗集团，可见这两家银行集团的跨国经营深度与水平更为均衡，不仅国际化发展表现良好，品牌价值也受到了市场的较高评价。

最后，也有部分全球性银行国际化水平高于其品牌价值，如进入 BII 全球性银行排名 TOP10 的瑞银集团和瑞士瑞信银行，且品牌价值排名分别为第 28 位和第 42 位；又如 BII 排名第 1、第 7、第 10 名的渣打银行、德意志银行和意大利联合信贷集团均未进入 "2019 全球银行品牌 500 强" 前 50 名，分别位列第 58、第 70、第 124 名。这几家银行均来自欧洲，因而可以在一定程度上理解尽管众多欧洲国家间的经济金融往来更为频繁，银行的布局与经营相比其他国家更容易延伸至周边境外市场，但其品牌价值（尤其是以现金流折线方法计算的品牌价值）可能往往与其国际化水平不相匹配。

总而言之，通过对比全球性银行的国际化和品牌价值水平，可以发现银行的品牌价值相比其国际化水平要更为多元，两者不一定是完全匹配或均衡发展的。对大型跨国集团而言，尽可能双管齐下，同步提升软硬实力是更为远大的目标，对初期探索国际化发展的银行而言，更为重要的是在推进适宜自身国际化战略的同时，注重业务品质的提升，以品牌价值体现未来潜力。

4.3　国际化与市场关注：布局战略影响热度

资产规模体现一家银行境外发展的实力基础，品牌价值综合反映全球市场对银行未来经营的预期，而关注度则在一定程度上体现了一家银行在世界舞台中的知名情况。当然，相比资产规模与品牌价值，这一指标似乎更加 "亲民"。本节采用 Google Trends[①] 的热度指数，集中研究了部分银行的全球 "热搜" 情况，考虑到语言通用性与领域的专业性，所有银行的词条搜索均为英文名称或常见简称，并限定领域为金融领域。将各家银行 Google Trends 的指数表现与 BII 排名结合并对比，报告得出了一些有趣的观点。

首先，公众对银行的关注热度可能与银行境外发展的 "硬指标" 并不完全相关。在 2019 年的 BII 排名中，渣打银行以绝对优势占据榜首，且已保持多年。但从 Google Trends 的表现来看，其热度远不及花旗集团与汇丰银行（见图 4-3）。2004 年至今，尽管三家银行的热度均有所波动，但汇丰银行的 Google Trends 指数始终高于花旗集团与渣打银行。一方面，三家银行在 2008 年金融危机前后均发生了热度较大的波动，汇丰银行和花旗集团表现尤为明

---

① Google Trends 是 Google 推出的一款基于搜索日志分析的应用产品，通过分析 Google 全球数以十亿计的搜索结果，展现某一搜索关键词在 Google 被搜索的频率和相关统计数据。

显，公众对大型跨国金融集团的关注度在金融市场动荡时有明显提升。另一方面，近年来，汇丰集团的搜索热度逐渐回落，尽管仍然高于其他两家金融机构，但也已经逐步回归至 2004 年的水平。总体而言，BII 与 Google Trends 的对比情况在一定程度上体现出，国际化"硬指标"的高水平与公众关注程度并不一定呈正向关系，市场及公众对银行等金融机构的关注受到金融市场、短期新闻与银行品牌等众多方面的影响，对银行而言，积极关注自身市场热度并注重引导正面舆论更为关键。

注：括号中的英文为各家银行的搜索词汇。

图 4-3　渠打银行、花旗集团、汇丰银行 Google Trends 指数对比

（资料来源：浙大 AIF、Google Trends）

其次，银行的全球布局战略极大地影响着不同地区公众对各家银行的关注度。表 4-1 分别展现了 Google Trends 中对渠打银行、花旗集团、汇丰银行三家银行搜索热度最高的 5 个地区，可以发现，这些地区的分布与三家银行的全球布局战略密切相关。渠打银行总部虽然在英国，但其业务遍及全球，在英国本土的市场占有率并不高，大约 90% 的收入和利润来自亚洲、非洲及中东地区，因而该行热度指数最高的 5 个地区中有 4 个来自亚洲地区。同时，渠打银行于 1969 年由两家英国的海外银行合并成立：一家是英属南非标准银行（Standard Bank），另一家是印度新金山中国渠打银行（Chartered Bank）；其中，前者主要对英国在南非的业务提供金融服务，后者则主要负责英国在印度、澳大利亚和中国的金融业务，这也反映了该行在印度的巨大影响力。相比之下，花旗集团和汇丰银行虽然国际化程度同样很高，但在国内市场上依然也保有相当的占有率：Google Trends 中美国与英国分别是花旗集团和汇丰银行搜索

热度最高的地区之一。此外，相比于花旗银行，汇丰银行的中国经营战略更加明确，在中国与公众也更为接近，搜索热度最高的 5 个地区中有 3 个来自中国。

表 4-1　渣打银行、花旗集团、汇丰银行 Google Trends 地区差异

热度排序	渣打银行（Chartered）	花旗集团（Citi）	汇丰银行（HSBC）
1	印度	美国	法国
2	阿联酋	日本	英国
3	新加坡	泰国	香港
4	爱尔兰	印度	台湾
5	马来西亚	西班牙	中国内地

注：括号中的英文为各家银行的搜索词汇。

资料来源：浙大 AIF、Google Trends。

最后，从中国银行与工商银行的市场关注表现来看，尽管中国银行国际化水平更高，但中国工商银行的搜索热度更大（见图 4-4）。一方面，两者在 21 世纪初的搜索热度差距较小，但在 21 世纪的第二个十年间出现了明显差异。进入 2013 年后，中国工商银行的 Google 搜索热度迅速提升，之后虽有波动，但均显著高于中国银行。2013 年 4 月，中国工商银行认购永丰银行 20% 的股份；当年该行境外机构净利润增幅 52.2%，大幅超过境内；且在 2013 年公布的《银行家》TOP1000 银行排名中，中国工商银行首次登上榜首。而在中国工商银行加速发力境外建设时，中国于 2004 年起战略中心便逐渐转向国内，2012 年，其海外机构资产总额在集团中占比已从 2004 年的 52.89% 降低至

注：括号中的英文为各家银行的搜索词汇。

图 4-4　中国工商银行、中国银行 Google Trends 指数对比

（资料来源：浙大 AIF、Google Trends）

23.52%；尽管自 2013 年起，中国银行海外业务对整个集团的贡献度开始回升，且在境外发展的"硬指标"中始终高居中资银行第一位，但其在 Google Trends 上的搜索热度已与中国工商银行出现了较大差距。两家境外发展最佳的中资银行在境外水平与市场关注上差异化的表现也说明市场关注是相比国际化更为宽泛的概念，并不能完全展现与代表银行的境外发展水平，但对于希望在境外发展中更进一步的金融机构而言，全球市场的关注度仍是一个值得提升的方向。

第 5 章　Chapter 5

从国家视角看全球银行国际化

　　银行业的国际化发展往往依托于国家经济与金融实力，并受各国历史与政策影响，在不同时期呈现出极具国家特色的不同表现。本章选择中国、美国、英国、日本4个国家的代表性银行，从国家视角分析各国银行的国际化表现，展现不同国家银行业的国际化推进历程与特点。

5.1　中国的银行国际化

　　自改革开放以来，中资银行的国际化影响力持续提升。一方面，银行规模不断扩大，根据英国《银行家》杂志最新发布的"全球银行1000强"榜单，中国共有143家银行上榜；另一方面，银行的全球影响逐渐加大，2019年，中国银行、中国工商银行、中国农业银行、中国建设银行均进入金融稳定委员会所发布的全球系统重要性银行（Global Systemically Important Bank，G-SIB）名单。

　　中资银行国际化步伐的推进与中国金融开放的深化进程是息息相关的，几十年来，中国经济的中高速增长、金融市场的改革开放、人民币国际化进程的不断推进以及"一带一路"倡议的提出等，均为中资银行的国际化发展提供了良好的外部环境。2019年，中国国内生产总值达11.5万亿美元（根据2010年不变价美元计算），同比增长6.1%（见图5-1），在全球各经济体中居于前列，为中资银行的全球发展提供了较为良好的经济基础。

图5-1　2010—2019年中国GDP总量和增速变化情况①

（资料来源：浙大AIF，世界银行）

---

　　①　图5-1中GDP总量根据2010年不变价美元计算。

报告长期跟踪 48 家中资银行的国际化发展，并选取数据资料相对完整的 13 家银行进行 BII 测算和分析。2019 年，中资银行继续拓展境外市场，并以三大梯队的格局构建全球化服务网络，但总体来看其与全球性银行的国际化水平仍有差距，未来需要依托国家对外开放战略，走好走稳国际化的脚步。

5.1.1　国际化水平持续提升

随着中国金融的整体开放，中资银行的国际化水平有了长足且明显的提升，图 5-2 选择了 8 家近十年国际化数据均较为齐全的中资银行，代表性地反映了这种提升情况。

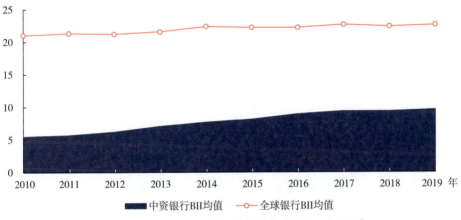

图 5-2　2010—2019 年中资银行及全球银行 BII 均值①

(资料来源：浙大 AIF)

我们可以看到，近十年来，中资银行的国际化水平在稳步提升，与全球银行的差距在逐渐缩小。2010 年，8 家中资银行 BII 得分均值为 5.44，2019 年这一数值上涨至 9.59，年均增长率为 6.5%；全球银行 BII 均值也从中资银行 BII 均值的 3.9 倍下降至 2.4 倍。更为直观的是，2019 年，8 家代表性中资银行的境外资产规模已超 2 万亿美元，境外营收规模逾 500 亿美元，相比 2010 年均增长了近 3 倍；全球布局网络更是拓展到了 60 多个国家和地区，相比十年前翻了一番。

---

① BII 长期跟踪近 150 家银行的国际化发展，图 5-2 展现近十年数据可得性较强的 8 家中资银行与 44 家全球银行 BII 均值。

5.1.2　三梯队成型探索境外

当前，中资银行的国际化发展形成了较为鲜明的三个梯队（见表5-1）。第一梯队主要包括中国银行和中国工商银行，是"国际化先行者"，二者在2019年BII得分均超过10分，并进入全球性银行国际化排名TOP30；第二梯队主要包括其他3家大型国有商业银行和6家国际化表现突出的股份制银行，是"国际化探索者"，它们在规模上已具有一定的国际影响力，属于全球性银行，但其国际化水平有待提升，2019年BII均值仅为4.86分；第三梯队主要包括广发银行和平安银行，代表了"国际化初行者"，它们在中资银行中国际化发展已初具成效，但在更大的区域甚至全球范围内，尚未有更高的国际影响力。

表5-1　2019年中资银行三梯队BII得分

梯队	银行名称	BII得分	BII变化率	中资银行排名	全球性银行排名	区域性银行排名
第一梯队	中国银行	27.68	3%	1	23	—
	中国工商银行	17.79	6%	2	30	—
	均值	22.74				
第二梯队	交通银行	8.83	4%	3	37	—
	中国建设银行	7.92	1%	4	40	—
	中国农业银行	6.33	3%	5	41	—
	中信银行	4.28	−2%	6	43	—
	民生银行	4.23	—	7	44	—
	浦发银行	4.21	4%	8	45	—
	光大银行	2.89	9%	9	46	—
	招商银行	2.89	−7%	10	47	—
	兴业银行	2.12	—	11	49	—
	均值	4.86				
第三梯队	广发银行	1.01	1%	12	—	35
	平安银行	0.37	—	13	—	37
	均值	0.69				

资料来源：浙大AIF。

具体来看，第一梯队的中国银行和中国工商银行引领着中资银行的国际化发展，并在重视全球发展的战略下，努力提升自身国际化水平。中国银行是目前中国国际化程度最高的银行，2011 年成为首家入选全球系统重要性银行的中资银行，2019 年 BII 得分 27.68 分，位列全球性银行国际化排名第 23 位，其战略目标明确提到"要在 2035 年国家基本实现现代化时，实现从世界一流大行向世界一流强行的跨越，全面建成新时代全球一流银行"。中国工商银行已连续多年位列《银行家》"全球银行 1000 强银行"榜首，基于庞大的资产规模不断拓展全球市场，是进行跨境并购最多的中资银行，2019 年 BII 得分 17.79 分，位列全球性银行国际化排名第 30 位，其战略目标则是成为具有全球竞争力的世界一流现代金融企业。

　　第二梯队中，交通银行、中国建设银行、中国农业银行相比其余 6 家股份制银行在国际化发展上表现更优（见图 5-3），但总体来看，9 家银行在全球性银行中的 BII 排名均较为靠后。一方面大型商业银行资产规模更具优势，对境外经营的探索也更早，多具有国际化发展的战略愿景，如中国农业银行便致力于建设经营特色明显、服务高效便捷、功能齐全协同、价值创造能力突出的国际一流商业银行集团。但另一方面，股份制银行的国际化水平也在迅速提升，两者间的差距逐年缩小，3 家大型国有商业银行 BII 均值与 6 家股份制银行 BII 均值的比值，从 2015 年的近 3 倍缩小至 2019 年的 2.2 倍。

图 5-3　2015—2019 年中资银行第二梯队两类银行 BII 均值

（资料来源：浙大 AIF）

　　最后，以广发银行和平安银行为代表的第三梯队其实并不局限于全国股份制银行，部分发展较好的城市商业银行也开始试水国际市场，如 2018 年，北京银行推出"丝路汇通"专属品牌，进一步整合境内外资源，为"一带一路"

沿线企业提供金融服务；2019 年，上海银行与大陆首家全牌照运营的台资银行——富邦华一银行签署战略合作协议，以期加强双方在境内外银团业务方面的合作。

5.1.3　对标全球性尚有差距

尽管中资银行的国际化水平在近几十年的对外开放中得到了显著提升，但对比其他全球性与区域性银行，仍有差距（见图 5-4），即使是身处"走出去"第一梯队的中国银行与中国工商银行，它们与全球性银行的"第一梯队"（BII 排名 TOP20）相比，也仍有不及，但国际化规模与国际化深度的表现不尽相同。

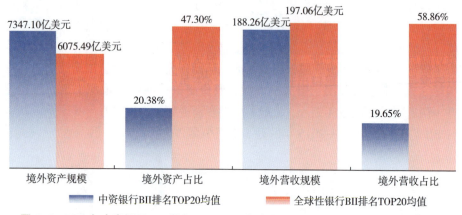

图 5-4　2019 年中资银行 BII 排名 TOP20 和全球性银行 BII 排名 TOP20 规模与占比

（资料来源：浙大 AIF，各银行年报）

图 5-4 选取中资银行第一梯队的两家银行与全球性银行 BII 排名 TOP20 银行进行对比，可以发现，中资国际化水平最高的银行在国际化规模上已初具成效，但深度（占比）仍然较低。2019 年，中国银行与中国工商银行境外资产均值为 7347.10 亿美元，已超过全球性银行 BII 排名 TOP20 均值（6075.49 亿美元），但两家中资银行的境外资产占比均值仅为 20.38%，远低于全球性银行 BII 排名 TOP20 的占比均值（47.30%）。与之相似，中资银行 BII 排名 TOP20 的境外营收规模均值与全球性银行 BII 排名 TOP20 均值的差距很小，不足 10 亿美元，但前者境外营收占比均值仅为后者的三分之一。

5.1.4　"走出去"依托国家开放

中资银行的"走出去"带有鲜明的中国对外开放色彩，无论是国际化提升的时间趋势，还是国际业务的落地开展，抑或是国际布局的战略方向，都与整个中国的对外开放政策息息相关。

（1）国际化水平随对外开放逐步深化。1978 年，中国正式拉开改革开放的大幕，各大国有银行先后恢复设立，新中国成立后中资银行的"走出去"也由此展开；21 世纪初，中国加入世界贸易组织，中资银行开始加速迈出全球化步伐，大型国有银行纷纷实现在中国内地与香港的上市；进入新时期，中国对外开放进一步深化，所以即使面临逆全球化事件的袭扰与众多国际化经营风险，中资银行的国际化水平也依然在稳步提升。

（2）国际化业务与人民币国际化相辅相成。人民币国际化进程的持续推进是中国对外开放的重要内容之一，一方面，这一过程有赖于中资银行境外业务的拓展；另一方面，人民币日益广泛的使用也可以大幅降低中资银行国际化经营面临的汇率风险。2019 年，人民币跨境使用政策不断优化，国际化基础设施进一步完善，推动了人民币跨境使用的持续增长，各中资银行也纷纷开展跨境人民币业务，在助推人民币国际化的同时，提高自己的国际竞争力，如交通银行在当年 7 月协助财政部在澳门首次发行 20 亿元人民币国债。

（3）国际化布局从"一带一路"中寻找机遇。"一带一路"倡议提出后，沿线国家基础设施投资、企业跨境贸易和投资等对资金和金融服务的需求十分巨大，中资银行也多借此整合其国际化布局。截至 2019 年年末，共有 11 家中资银行在 29 个"一带一路"沿线国家设立了 79 家一级分支机构（包括 19 家子行、47 家分行和 13 家代表处），中资银行的国际化目光开始更多地转向"一带一路"沿线国家与地区。

5.2　美国的银行国际化

第二次世界大战以来，美国一跃成为全球经济与金融中心，为包括银行等金融机构在内的美国企业提供了发展壮大及跨国经营的重要支撑。根据英国《银行家》杂志最新发布的"全球银行 1000 强"榜单，美国共有 184 家银行上榜，较 2019 年增加了 15 家银行，是上榜银行最多的国家；与此同时，2019 年全球系统重要性银行中，包括摩根大通、花旗集团、美国银行、高盛、富国、纽约梅隆、摩根士丹利、道富银行 8 家美国银行集团，超过 G-SIB 的 1/4，其银行业对全球金融市场的影响可见一斑。

美国金融机构的全球发展离不开其强盛的国家力量。一方面，美国作为世界上最发达的资本主义国家，在过去十年经济规模超过 10 万亿美元的基础上依然保持了年均 2% 左右的增长（见图 5-5）。另一方面，最新发布的《第 28 期全球金融中心指数报告》①显示，纽约仍是全球金融中心，TOP20 城中有 6 城来自美国，数量远超其他国家，金融实力雄厚。

图 5-5　2009—2019 年美国 GDP 总量和增速变化情况②

（资料来源：浙大 AIF，世界银行）

报告对 9 家来自美国的银行进行了 BII 测算与分析，除 8 家全球系统重要性银行外，还囊括了美国第一资本投资国际集团，该集团在 2019 年进入了《银行家》"全球银行 1000 强"的前 50 名。依托于第二次世界大战后的飞速发展，美国代表银行整体国际化水平在近几十年均较高，且十年来波动性较小；尽管 9 家跨国经营集团的国际知名度较高，但各家银行的国际化"硬指标"表现各异，与其国际化战略和业务重点息息相关。

5.2.1　国际化水平高位趋稳

第二次世界大战后，随着美国综合实力的加强，该国取代英国成为全球经济与政治中心，美元地位的大幅提升为美国各家银行的国际化发展带来了巨大优势，同时借助全球化的巨大浪潮，美国的银行集团以空前的规模向全球扩张。因此，当前美国大型银行集团的国际化水平普遍较高且表现稳定，图 5-6 对 9 家美国银行集团的 BII 均值进行了展现，基本反映了这一特点。

---

①　全球金融中心指数由中国（深圳）综合开发研究院与英国智库 Z/Yen 集团共同编制，从营商环境、人力资源、基础设施、金融业发展水平、声誉等方面对全球主要金融中心进行了评价和排名。
②　图 5-5 中 GDP 总量按 2010 年不变价美元计算。

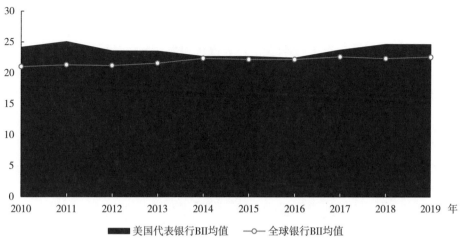

图 5-6　2010—2019 年美国代表银行及全球银行 BII 均值①

（资料来源：浙大 AIF）

图 5-6 从历史视角反映了美国大型银行集团近十年来国际化发展的水平与增速表现。一方面，从国际化水平来看，美国金融机构的跨国经营在 20 世纪后半叶得到了长足发展，其银行的国际化水平在近十年均高于全球银行，与中资银行的国际化水平对比时，这一早发优势更为明显，几乎是中资银行国际化水平的 2~3 倍。但与一般预期不同的是，美国大型跨国集团的 BII 均值并未显著高于全球 BII 均值，这在一定程度上说明尽管美国金融力量在国际市场上占据主导地位，但其在国内市场中亦有深入发展，美国本土市场的高度国际化使得本国银行在"家"中便可链接全球，"走出去"并非必要选择。

另一方面，从国际化增速来看，美国代表银行的 BII 均值总体保持稳定，年均波动率不足 6%，但 10 年中有 6 年 BII 均值呈现下降态势，主要受三方面环境变化的影响。一是 2008 年国际金融危机的影响有所延续，导致前期国际化经营效益较低。二是自 2015 年起愈演愈烈的本土化浪潮推动了众多金融机构的去国际化策略趋势，如摩根大通 2015 年宣布从伦敦交易所的场内交易撤出，花旗银行 2015 年将旗下的花旗银行信用卡日本有限公司股份出售给三井住友信托银行。三是近几年中美贸易摩擦加大了全球经济形势的不确定性，国际化水平波动性更强。

---

① BII 长期跟踪近 150 家银行的国际化发展，图 5-6 展现近十年数据可得性较强的 9 家美国银行集团与 44 家全球银行 BII 均值。

5.2.2　多元化业务造成差异

进入报告 BII 样本池的 9 家美国代表银行均为全球性银行，在国际市场中均有相当的知名度，表 5-2 展现了这 9 家银行 2019 年的 BII 得分与排名情况，可以发现，美国代表银行的国际化"硬实力"发展与银行本身的战略直接相关，且各家银行在国际知名度等"软实力"方面往往更具优势。

表 5-2　2019 年美国代表银行 BII 得分

美国代表银行排名	银行名称	BII 得分	全球性银行排名	成立年份
1	花旗集团	54.92	4	1812
2	高盛集团	32.33	18	1869
3	道富银行	30.48	21	1792
4	纽约梅隆银行	27.44	24	1869
5	摩根士丹利	25.07	26	1935
6	摩根大通	21.15	28	1799
7	美国银行	13.84	32	1968
8	富国银行	10.80	35	1852
9	第一资本投资国际集团	5.51	42	1993

资料来源：浙大 AIF。

具体而言，9 家美国代表银行均为全球性银行，无论是日常经营还是国际声誉均有相当的影响力，2019 年 BII 均值也达到了 24.62 分，高于全球银行的平均水平。排名第 9 位的第一资本投资国际集团成立于 20 世纪末，以投融资及资金管理为基础，与传统银行业务不同，因而在境外设点与资产积累等国际化"硬指标"上表现不足，也未进入 2019 年全球系统重要性银行名单，国际影响力尚不及前 8 名银行。排名第 7 位和第 8 位的美国银行与富国银行 BII 得分均低于 20 分，在全球性银行的排名均未进入 TOP30，前者以零售银行为重要依托（2019 年零售银行/消费者银行业务模块税前利润占总利润的42.29%），后者以社区银行为重点业务（2019 年社区银行业务模块税前利润占总利润的 42.57%），而无论是美国银行的零售银行服务还是富国银行的社区银行业务均更加关注本土市场客户，因而国际资产与收入的占比相应较低。排名第 3~6 位的道富银行、纽约梅隆、摩根士丹利和摩根大通在全球性银行排名中位列第 20~30 名，未进入 TOP20，其中，以投行业务见长的摩根士丹利和更加关注批发银行业务的摩根大通境外"硬指标"占比亦不足综合型更强的花旗银行；道富银行与纽约梅隆银行在资产规模上并未进入《银行家》TOP50，但国际化水平相对表现更好。花旗和高盛集团在 2019 年占据了美国银行中第一与第二的位置，BII 得分均超过 30 分，分别代表了美国综合型金融集团和投资银行集团国际化的最高水平。

借鉴 4.2 节软硬实力的对比方式，从品牌价值观察美国代表银行，可以发现除花旗、高盛和摩根士丹利几乎位于中线、国际化水平与品牌价值地位相当外，摩根大通、美国银行、富国银行、第一资本投资国际集团则品牌价值相对国际化水平表现更好，即"软实力"更强。当然，亦有如纽约梅隆和道富银行这样国际化水平较高，但品牌价值相对较弱的金融机构（两家银行均未进入"2019 全球银行品牌 500 强"TOP50）。

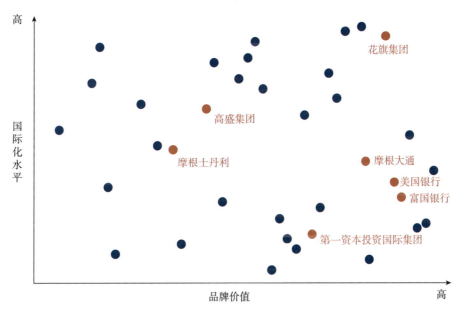

图 5-7 2019 年美国代表银行国际化软硬实力对比

（资料来源：浙大 AIF）

5.2.3 长时间奠基海外发展

美国各家银行的境外发展与美国经济的崛起和全球金融市场的变迁密切相关，相比中资银行，美国金融集团的跨国经营经过了更长时间的积淀，以分支机构网络建设为代表，其全球扩张主要经历了四个阶段的发展。

（1）19 世纪至 20 世纪初：在此时期，全球银行业务的国际化发展具有强烈的殖民主义色彩，英国银行业在国际市场中占据主导地位。美国的海外分行较少，即使经过一个世纪的发展，也仅从 1887 年的 1 家增加到 1993 年的 6 家，银行国际化经营表现平平。

（2）20 世纪初至第二次世界大战结束前：两次世界大战给美国经济和银行业海外扩张带来了机遇，1950 年美国的海外分行数量已达 95 家。在此期间，商业银行主要以设立分支行的形式快速实现海外扩张。美国的商业银行在数百个海外市场建立了分支机构、子公司与合资公司，主要位于西欧、中东、南美洲和中美洲的商业中心，有典型的贸易引导特征。

（3）第二次世界大战结束后至 21 世纪初：1953 年，美国通过《联邦储备法》正式允许自有资金在 100 万美元以上的美国银行经联邦储备局批准后在海外设立分行并从事跨国银行业务，对本国银行业的海外发展进行了规范管理，银行的跨国经营渐成风潮。截至 1984 年，美国有 163 家银行设立海外分行 905 家，成为国际银行业的领导者。

（4）21 世纪初至今：进入 21 世纪，美国的银行海外机构已几乎遍布全球，并凭借其先进的管理经验和人才培养机制，获得了一批高素质的国际性人才队伍，银行国际化水平处于高质量且较为稳定的状态。

5.3　英国的银行国际化

近年来，逆全球化趋势的显现对各国银行的国际化发展均带来了挑战，但英国银行业凭借悠久的国际化历史仍然保持着较高的国际化水平。根据《银行家》杂志最新发布的"全球银行 1000 强"榜单，英国银行业利润达 380 亿美元，位列世界各国第六位；此外，汇丰银行、巴克莱银行、渣打银行 3 家英国银行均被纳入 2019 年全球系统重要性银行名单。

英国银行业的国际化水平长期居高在很大程度上受到了英国曾经"日不落帝国"地位的影响，高度发达的金融服务业以及开放自由的贸易与金融政策为该国银行业的国际化发展提供了肥沃的土壤。目前，英国仍然是世界第五大经济体，在过去十年中 GDP 规模稳定上升，但增速自 2014 年起持续下降（见图 5-9）。

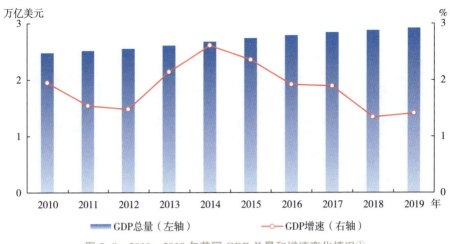

图 5-8　2010—2019 年英国 GDP 总量和增速变化情况①

（资料来源：浙大 AIF，世界银行）

报告跟踪了英国五大行的国际化发展情况，即渣打银行、汇丰银行、巴克莱银行、苏格兰皇家银行、劳埃德银行②，并对渣打银行、汇丰银行、巴克莱银行以及苏格兰皇家银行进行了 BII 测算，4 家银行均为 2019 年《银行家》资产排名 TOP50 银行。近十年来，尽管英国银行在长期国际化经营历史与积累的基础上依然保持着高水平的国际化发展，但也逐渐体现出不同的国际化趋势。

5.3.1　国际化水平全球领先

英国银行国际化历史悠久，海外经营经验丰富，跨国银行的国际化水平很早便达到了较高水平，在全球范围内具有重大影响力。图 5-9 选择了 2013—2019 年境外数据较为齐全的渣打银行、汇丰银行和苏格兰皇家银行进行历年 BII 的测算，并将其国际化水平与全球代表银行的平均水平进行比较，较为直观地反映了这三家银行极高的国际化水平。

---

① 图 5-8 中 GDP 总量根据 2010 年不变价美元计算。
② 该五大行资产总规模约占英国银行业资产总值的三分之二。

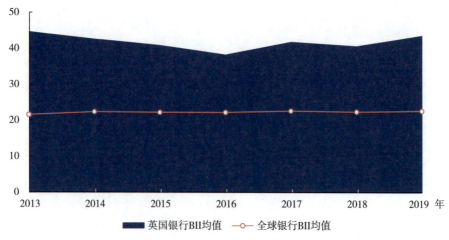

图 5-9　2013—2019 年英国银行及全球银行 BII 均值①

(资料来源：浙大 AIF)

2013—2019 年，英国 3 家银行的国际化水平始终远高于全球银行的平均水平，但近七年出现了向下的微弱波动趋势。一方面，英国银行 BII 均值是全球银行 BII 均值的近 2 倍，这意味着其国际化水平远高于全球大多数地区的银行，在国际资产积累、经营成效、机构布局上均更胜一筹。另一方面，英国银行的 BII 均值在近七年仍然经历了小幅波动，且向下趋势更为常见：2013 年，英国 3 家银行 BII 均值为 44.59 分，是全球银行的 2.07 倍；2013—2016 年，这一均值持续下降至 38.18 分，年均降幅为 5.05%；2016 年以后，英国银行的 BII 均值变动趋势与全球基本保持一致，且受渣打银行 2017 年境外资产翻倍式增加的影响，BII 均值重回 40 分以上；2019 年，英国银行的 BII 均值相比 2016 年上升了 9.46%，是全球银行 BII 均值的 1.92 倍，但仍未回升至 2013 年的水平。

5.3.2　两方向趋势对比鲜明

4 家参与测算的英国银行均为全球性银行，因而总体国际化水平较高（见表 5-3）。首先，渣打银行和汇丰银行不仅是英国国际化程度最高的两家银行，也是全球国际化程度最高的银行，2019 年两者的 BII 水平在全球性银行榜单中均排名第一位、第二位。其次，巴克莱银行 2019 年 BII 得分为 36.73 分，位列

---

① BII 长期跟踪近 150 家银行的国际化发展，图 5-9 展现近七年数据可得性较强的 3 家英国银行与 44 家全球银行 BII 均值。

全球性银行排名第 14 位，海外布局更多地分布在中国、美国、欧洲市场，相比渣打银行和汇丰银行仍显不足。最后，苏格兰皇家银行 2019 年 BII 得分仅为 8.55 分，未进入全球性银行 TOP20，相比 3 家全球性系统重要性银行，国际化水平有较大的差距。

表 5-3　2019 年英国银行 BII 得分

英国银行排名	银行名称	BII 得分	全球性银行排名
1	渣打银行	62.71	1
2	汇丰银行	59.16	2
3	巴克莱银行	36.73	14
4	苏格兰皇家银行	8.55	38

数据来源：浙大 AIF。

除此之外，深入考察几家银行的国际化发展历史，可以发现它们在近几年采取了截然不同的国际化战略，主要展现了稳步扩张和集聚收缩两类趋势（见图 5-10）。一方面，渣打银行和汇丰银行凭借更加丰富的国际化经验和雄厚的资本规模，持续引领着英国银行业国际化的进程，BII 变动较为稳定且整体呈现小幅上升趋势。另一方面，巴克莱银行和苏格兰皇家银行在金融危机后缩减了境外非核心业务，重心向本土化经营转换，尤其是苏格兰皇家银行，BII 得分出现了较大幅度的下降。2013 年渣打银行 BII 分值（54.56 分）是苏格兰皇家银行 BII 得分（28.18 分）的 1.94 倍，2019 年前者（62.71 分）是后者（8.55 分）的 7.27 倍。

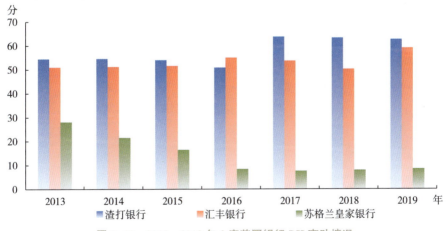

图 5-10　2013—2019 年 3 家英国银行 BII 变动情况

（数据来源：浙大 AIF）

　　具体而言，渣打银行和汇丰银行体现出全球化水平更高的银行在面对经济金融环境不确定时更为强大的稳定性。两家银行的国际化历史均超过150年，2019年海外布局国家/地区数分别为59个和64个，几乎遍布全球。同时，两者境外资产与境内资产之比均约为7∶3，意味着两者对境外市场的重视程度很高，境外经营经验更加丰富，2016年后，即使世界经济与政治形势更加多变，两家银行的境外营收占比变动依然很小，境外业务创收能力在高水平上仍然较为稳定。相比之下，巴克莱银行与苏格兰皇家银行的境外经营经验还不够成熟，境外营收在近几年总体呈明显的下降趋势（见图5-11）。2014—2016年，巴克莱银行的境外营收占比实现了持续的增长，但是其境外营收规模的年均增速却为−10.45%；在保持两年的稳定后，2019年巴克莱银行境外营收占比落至45.4%，比2013年降低了近13个百分点。苏格兰皇家银行的境外资产占比配合本土化战略地位的提升经历了大幅收缩，由2010年36%的水平收缩为10%，境外营收水平亦随之降低，境外业务带来的收入变得越发微不足道，2019年的境外营收占比仅为8.2%。

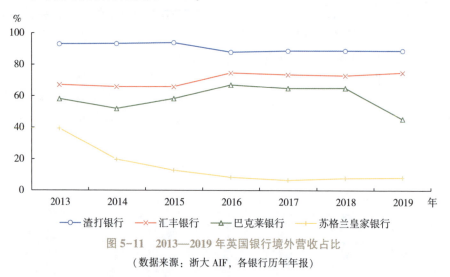

图 5-11　2013—2019 年英国银行境外营收占比

（数据来源：浙大 AIF，各银行历年年报）

5.3.3　设点与并购双管齐下

　　一般认为，银行跨境拓展市场的模式主要包括新设分支机构（包括分行、子行、代表处等）和进行跨境并购两大方式，英国银行业国际化历史悠久、经验丰富，在跨境发展的过程中，往往会综合利用两类扩张模式，达到最佳效果。一方面，设立分支机构是银行跨境经营最为常见的方式与手段。渣打银行、汇丰银行、巴克莱银行等境外布局均早早突破 50 个国家/地区，汇丰银行境外机构数量长期占机构总数的 70% 以上，与境外员工占比相仿，境外分支的设立为更加深入的当地经营策略提供了可能。另一方面，早在英国殖民地时期，以渣打银行为代表的英国银行便通过海外并购进行全球化扩张。近年来，银行的跨境并购更多地出现了多元化经营的特点，以渣打银行为例，2013 年以来该行发起的跨境并购不再局限于金融行业，还包括能源、农业等领域的公司（见表 5-4），这有利于更好地为被收购企业提供金融服务，也体现出英国银行业在国际化进程中不断积累的雄厚资产和较强的金融服务实力。

表 5-4　2013—2019 年渣打银行部分跨境并购

完成日期	收购标的	国家	交易价值（欧元）
2013 年 12 月 12 日	南非联合银行的托管和受托业务	南非	—
2014 年 3 月 11 日	赞比亚能源公司	赞比亚	41077.21
2014 年 9 月 8 日	半岛电视台农业公司	约旦	27014.82
2015 年 6 月 9 日	中通快递服务有限公司	中国	—
2015 年 8 月 20 日	上海点荣金融信息服务有限责任公司	中国	186209.05
2015 年 9 月 24 日	Prime Focus Ltd	印度	20516.46
2016 年 9 月 15 日	Ripple Labs Inc.	美国	49097.8
2019 年 6 月 12 日	Symphony Communication Services LLC	美国	145647.45
2020 年 1 月 9 日	深圳前海联易融金融服务有限公司	中国	28506.23
2020 年 3 月 5 日	百慕大 24 交易所有限公司	百慕大	

资料来源：浙大 AIF、Zephyr 数据库。

英国的国际金融中心地位、欧洲地区紧密的地理人文关系以及悠久的国际化历史均为英国银行业的全球化发展提供了助益，以渣打银行和汇丰银行为代表的部分英国银行也成了当前国际化水平最高的银行，其遍及全球的海外分支与长久的国际化积累使其在逆全球化声音逐渐增加的情形下亦未在国际化发展中出现大幅波动。但未来，英国银行业依然面临着脱欧带来的挑战：英国脱欧后与欧盟的贸易联系受到阻碍，银行在欧洲市场的经营可能受到冲击。为此，英国银行家协会也正在积极努力，希望建立一个新的框架以尽可能保持英国银行业与欧盟之间现行的市场准入标准。

5.4　日本的银行国际化

20 世纪 70 年代以来，日本的对外金融活动逐渐增多，其银行的国际化经营也在逐渐扩大。当前，在英国《银行家》杂志最新发布的"全球银行1000强"榜单中，日本共有87家银行上榜，其中三菱东京日联在一级资本规模上位居全球第10位。与此同时，三菱东京日联银行、瑞穗金融集团、三井住友银行均进入了2019年全球系统重要性银行名单，头部银行的国际影响力逐渐显现。

当然，日本银行的国际化发展与本国的金融开放政策密切相关。日本金融开放之路的真正开辟始于20世纪80年代日本与美国间日元美元协议的签署。迄今为止，日本当局主要采用了利率市场化、金融机构混业经营、金融市场自由化、日元国际化等措施推进金融业的开放。2012年，安倍晋三再次出任日本首相，日本开始执行以积极财政政策、宽松货币政策和结构性改革为主要特色的"安倍经济学"，GDP保持低速平稳增长。

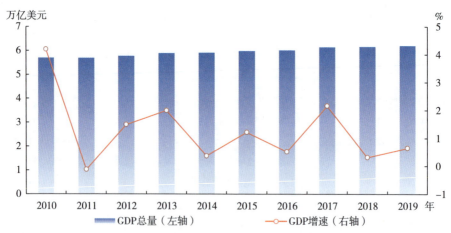

图5-12　2010—2019年日本GDP总量和增速变化情况①

（资料来源：浙大AIF，世界银行）

报告选取了数据资料相对完整的4家日本银行进行BII测算和分析。除三菱东京日联银行、三井住友银行和日本瑞穗金融集团外，还纳入了农林中央金库，该行在2019年进入了《银行家》TOP1000银行榜单的前50名。2019年，日本银行延续了近十年来的国际化增长趋势，并逐渐成长为亚洲地区国际化发展水平最高的银行代表。

---

① 图5-12中GDP总量根据2010年不变价美元计算。

5.4.1　国际化水平增势显著

1998 年，日本新《外汇法》正式实施，跨境资本的交易管制逐步放宽，基本取消了外汇交易所需的事先申报和审批，企业与个人可以自由从事跨境资本交易，金融机构也利用此开放时机大力拓展境外发展。三菱东京日联银行、瑞穗金融集团与三井住友银行占据了日本银行业资产的 46%①，前两者更是代表了日本银行国际化发展的最高水平。图 5-13 便以三菱东京日联银行和瑞穗金融集团为代表，展现了日本银行头部梯队国际化发展的平均水平与历史趋势。

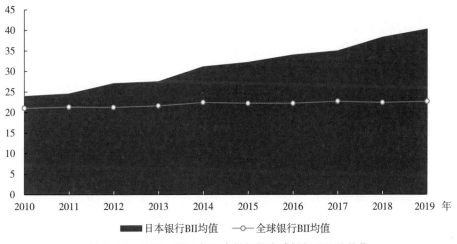

图 5-13　2010—2019 年日本银行及全球银行 BII 均值②

（资料来源：浙大 AIF）

可以发现，日本头部银行的 BII 均值在近十年呈现显著的上升趋势。2010年，两家银行的 BII 均值得分为 23.84 分，与全球银行 BII 均值得分（21.03分）相仿；2019 年，两家日本头部银行的 BII 得分已上升至 40.15 分，年增长率达 5.96%，几乎是当年全球银行 BII 均值得分（22.60 分）的 2 倍。这一方面反映出日本头部银行的国际化水平相比全球银行平均水平更高，也几乎代表了亚洲地区银行国际化的最强实力，这与其 20 世纪以来长期积极的开放政策有极大的关系。另一方面，两家银行 BII 得分与全球银行均值的差距在不断加大，反映了日本头部银行坚定的境外发展战略。

---

① 数据来自《银行家》。

② BII 长期跟踪近 150 家银行的国际化发展，图 5-13 展现近十年数据可得性较强的 2 家日本银行与 44 家全球银行 BII 均值。

5.4.2　BII 虽各异但上升是共性

4 家参与测算的日本银行均为全球性银行,但 2019 年的国际化水平表现各异(见表 5–5)。三菱东京日联银行不仅是日本国际化程度最高的银行,也是全球性银行中唯一进入国际化排名 TOP10 的亚洲银行,得分超过中国国际化水平最高的银行——中国银行(BII 得分 27.68 分)60%。瑞穗金融集团 BII 得分虽比三菱东京日联银行低 10 分,但依然进入全球性银行国际化排名 TOP20,也是日本银行国际化最高水平的代表之一。相比之下,尽管三井住友银行资产规模大于瑞穗金融集团,但国际化水平却相对较低,26.61 分的 BII 得分与中国银行相近,全球性银行国际化排名也位居第 25 位。农林中央金库则更加聚焦本土市场,无论是国际化发展"硬指标",还是全球系统重要性"软指标"均不及前三家日本银行。

表 5–5　2019 年日本银行 BII 得分

日本银行排名	银行名称	BII 得分	全球性银行排名
1	三菱东京日联银行	45.10	8
2	瑞穗金融集团	35.20	15
3	三井住友银行	26.61	25
4	农林中央金库	2.71	48

数据来源:浙大 AIF。

与此同时,尽管几家银行的国际化水平差异较大,但其在近几年的国际化发展中均表现出了一致的上升趋势(见图 5–14)。三菱东京日联银行和金融瑞

图 5–14　2010—2019 年 3 家日本银行 BII 变动情况

(数据来源:浙大 AIF)

穗银行的 BII 指数在近十年保持了稳步增长，两者间的差距也始终维持在 10 分以内。三井住友银行的国际化数据在近两年可得性较强，2019 年增长显著，BII 得分同比增长 47.02%。

5.4.3　亚洲境内外发展最佳

日本银行国际化水平的不断提升也使得其逐渐代表了亚洲银行国际化的最高水平。图 5-15 分别选取日本、新加坡和中国在国际化表现上进入头部的银行，展现各国国际化头部银行近十年的 BII 得分情况。其中日本银行包括三菱东京日联银行和瑞穗金融集团，新加坡银行包括大华银行、华侨银行和星展银行，中资银行包括中国银行和中国工商银行。

图 5-15　2010—2019 年日本、新加坡及中国头部银行 BII 均值

（资料来源：浙大 AIF）

可以发现，相比新加坡的三家银行，日本和中国头部银行国际化的增长趋势是更为显著的。这也直接导致了日本头部银行的 BII 均值由原先低于新加坡银行、到几乎持平再到超越的转变：2010 年，两家日本银行的 BII 均值（23.84 分）仅是 3 家新加坡银行 BII 均值（26.51 分）的 89.94%；2019 年，前者（40.15 分）已成为后者（29.22 分）的 1.37 倍。当然，尽管中资银行的国际化水平相对最低，但因为其也在不断增长，因而两家日本银行与两家中资银行的 BII 差距在近十年中并未扩大，始终保持在 1.76 倍的水平。值得说明的是，尽管新加坡三家银行的国际化水平较高，但其在资产规模（未进入《银行家》一级资本排名 TOP50）与全球影响力（未进入系统重要性银行名单）上表现不足，是国际化表现优异的区域性银行。

第 6 章　Chapter 6

从区域视角看全球银行国际化

银行的国际化往往由区域向全球展开，本章选择欧盟与"一带一路"沿线两大区域的代表性银行，从区域视角分析不同银行的国际化表现，前者是区域一体化的典型代表，后者是近几年发起的最具代表性的区域合作倡议。

6.1　欧盟地区的银行国际化

根据银行国际化指数（BII）的长期跟踪，欧洲地区银行的国际化水平整体较高，这在很大程度上得益于欧洲地区高度的区域化，这种区域化的深度发展还催生了世界上区域化程度最高的组织——欧盟。欧盟致力于打造要素自由流动的统一市场：1996 年，欧盟成员国将统一大市场立法转化为国内法的平均比例已达 92.9%，统一大市场的巩固和完善工作基本完成。进入 21 世纪，欧盟进行了东扩运动，将经济较为发达的东欧国家（如在东南欧经济转型国家中人均 GDP 名列第一的斯洛文尼亚）也纳入组织中，这一做法虽然扩大了欧盟的覆盖范围，但新老成员国在经济、法律等方面的差距与矛盾也给欧盟进一步一体化的目标带来了严峻挑战。但总体而言，欧盟在近十年仍然保持了区域经济的增长，尽管增速有所波动，但在 2010 年不变价美元的统计口径下，2019 年区域 GDP 仍然达到了 16.61 万亿美元，同比增长 1.55%；相比 2010 年 GDP 水平（14.54 万亿美元）提高 14.17%，年均增长率为 1.48%。

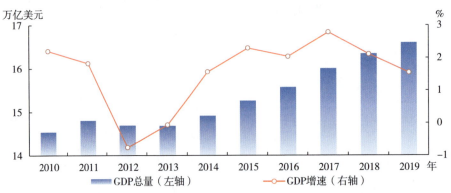

图 6-1　2010—2019 年欧盟 GDP 总量和增速变化情况①

（资料来源：浙大 AIF，世界银行）

作为全球区域化程度最高的跨国组织，欧盟成员国间的金融市场开放程度很高，相应地，银行的跨境发展也更为便利。为更加清晰地观察欧盟区域内银

---

① 图 6-1 中 GDP 总量根据 2010 年不变价美元计算。

行的国际化水平、深入了解紧密地跨国合作组织对银行国际化的作用，本节选取 18 家来自欧盟成员国的银行进行分析。需要说明的是，这 18 家银行主要来自德国、法国、瑞典、荷兰、西班牙、意大利和斯洛文尼亚，因为英国于 2020 年正式脱欧，报告 BII 数据截至 2019 年年底，因此来自英国的银行也同样纳入分析。

6.1.1　国际化水平高且稳定

在 18 家参与 BII 测评的欧盟银行中，10 家银行在近十年数据可得性较强，图 6-2 展现了以这 10 家银行为代表的欧盟银行国际化发展情况。可以发现，欧盟成员国银行的国际化水平整体很高且表现稳定。

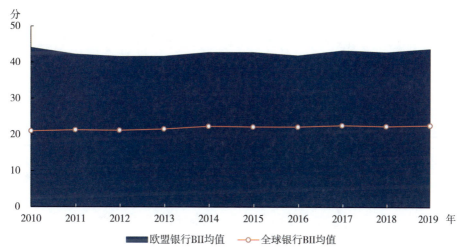

图 6-2　2010—2019 年欧盟银行及全球银行 BII 均值①

（资料来源：浙大 AIF）

欧盟银行国际化水平长期居高，主要体现在其 BII 得分与全球银行 BII 得分均值的对比上。2010—2019 年，欧盟银行的 BII 得分均值长期比全球银行高出一倍，相比其他地区，欧洲地区汇聚了国际化水平最高的一批银行机构。与此同时，尽管欧盟银行的国际化水平在十年间偶有波动，但均十分细微。2010 年，欧盟银行 BII 得分均值为 44.04 分，之后虽有下降，但幅度较小，BII 得分始终保持在 41~44 分，2019 年，BII 均值为 43.71 分，相比 2010 年变动不

---

① BII 长期跟踪近 150 家银行的国际化发展，图 6-2 展现近十年数据可得性较强的 10 家欧盟银行与 44 家全球银行 BII 均值。

足 1 个百分点。

6.1.2　银行间差距整体较小

表 6-1 集中展现并对比了 18 家欧盟银行在 2019 年的国际化得分与排名情况。总体而言，纳入 BII 计算的 8 个欧盟国家均为发达国家，普遍具有强大的金融基础，且本国国土面积小、人口少是共同特点，银行发展历史悠久，早已形成国际化与开放扩张的传统，海外拓展相对稳健，国际化水平整体较高。当然，欧盟的成立使得各成员国间经济贸易联系更进一步，各国银行在境外区域内的发展更加深入，至今仍然保持着全球银行国际化的最高水平，且各银行间差距整体较小，平均分差仅为 3 分（见表 6-1）。

表 6-1　2019 年欧盟银行 BII 得分

序号	银行	国家	BII 得分	BII 变化率（%）	全球性银行排名	区域性银行排名
1	渣打银行	英国	62.71	−1	1	—
2	汇丰银行	英国	59.16	17	2	—
3	西班牙国际银行	西班牙	57.92	5	3	—
4	荷兰国际集团	荷兰	53.23	1	5	—
5	北欧联合银行	瑞典	52.58	2	—	1
6	德意志银行	德国	46.28	−10	7	—
7	联合信贷集团	意大利	42.04	8	10	—
8	法国巴黎银行	法国	41.66	0	11	—
9	法国兴业银行	法国	39.19	−3	13	—
10	巴克莱银行	英国	36.73	—	14	—
11	荷兰合作银行集团	荷兰	33.41		17	—
12	法国农业信贷银行	法国	30.53	1	20	—
13	新卢布尔雅那银行	斯洛文尼亚	27.22	1	—	6
14	法国 BPCE 银行集团	法国	21.73	6	27	—
15	联合圣保罗银行	意大利	19.74	—	29	—
16	国民互助信贷银行	法国	14.12	—	31	—
17	毕尔巴鄂比斯开银行	西班牙	10.44	—	36	—
18	苏格兰皇家银行	英国	8.55	7	38	—

资料来源：浙大 AIF。

具体而言，欧盟内各家银行的国际化表现具有以下特点。首先，无论是全球性银行还是区域性银行，欧盟区域均包揽了两类银行的榜首并强势占据全球性银行 BII 榜单 TOP20 的半壁江山。2019 年，全球性银行国际化排名中，来自英国的渣打银行蝉联桂冠，TOP5 银行中 80%（4 家银行）、TOP10 银行中 60%（6 家银行）、TOP20 银行中 55%（11 家银行）来自欧盟；区域性银行国际化排名中，来自瑞典北欧联合银行再次登顶，来自斯洛文尼亚的新卢布尔雅那银行位列第 6 名，唯二的两家区域性银行均进入了 TOP10。其次，大多数欧盟银行国际化水平仍表现出增长态势。2019 年，13 家可计算 BII 增长率的欧盟银行中，仅渣打银行、德意志银行、法国兴业银行 3 家银行增长率为负，其余 10 家银行均实现增长，其中，汇丰银行、意大利联合信贷集团、法国 BPCE 银行、苏格兰皇家银行更是突破 5% 的增长率，国际化水平提升明显。最后，在英国银行领跑欧盟的背景下，英国脱欧或许会对欧盟区域内银行的国际化整体水平产生影响。来自英国的渣打银行和汇丰银行是当前全球国际化水平最高的两家银行，在英国脱欧后，一方面这两家银行在欧盟成员国的跨境经营是否仍能保持较高水平的要素流动与便利条件仍有待观察，另一方面欧盟银行的国际化平均水平一定会有所降低。

6.1.3　资产比营收表现更优

因为欧盟银行多为全球性银行，所以本节选择部分国家的全球性银行与欧盟银行的国际化发展情况进行对比。表 6-2 选择分别展现了 2019 年来自欧盟、美国、日本、中国的全球性银行在境外资产和营收上的表现，并对标全球性银行 TOP20 的境外指标。

表 6-2　2019 年欧盟全球性银行与其他国家全球性银行国际化对比

银行类别	境外资产规模（亿美元）	境外资产占比（%）	境外营收规模（亿美元）	境外营收占比（%）
欧盟全球性银行均值（16）	5314.9	37.3	154.35	49.2
美国全球性银行均值（8）	3737.4	28.6	154.91	31.4
日本全球性银行均值（3）	7655.3	32.7	211.16	52.5
中国全球性银行均值（11）	2076.9	7.9	49.68	7.0
全球性银行 TOP20 均值	6075.5	47.3	197.1	58.9

注：表中括号中的数字为各区域/国家的全球性银行数量。

资料来源：浙大 AIF，各银行年报。

总体来看，欧盟全球性银行的国际化表现虽不及全球 TOP20 均值水平，但在国家/区域水平上，仍然处于表现较好的梯队。具体来看，欧盟全球性银行在境外资产积累的表现上优于其境外经营效果：2019 年，16 家欧盟全球性银行境外资产规模均值为 5314.9 亿美元，境外资产占比均值为 37.3%，超过美国、日本和中国全球性银行均值；但境外营收规模仅为 154.35 亿元，境外营收占比均值为 49.2%，不仅只达到全球性银行 TOP20 均值水平的 80%，且均低于 3 家日本全球性银行的均值水平。

6.1.4　未来国际化挑战更甚

随着世界经济形势的日益复杂和逆全球化声音的加大，未来欧盟地区银行的国际化发展仍面临相当大的挑战。

一方面，经济低迷影响银行业扩张信心。当前，欧洲低利率环境甚至负利率的环境使得投资者对未来的信心较为低迷，也对欧洲银行业带来了挑战。以德意志银行为例，该行 2019 年公布"彻底转型"方案，将缩减投资银行业务、固定收益业务等，并放慢向华尔街以及其他国家/地区的进军步伐。与此同时，欧洲银行资产质量的问题尚未完全改善，在 2015—2018 年，意大利、西班牙等国问题银行的平均不良资产率仍然高达 35%。此外，自新冠肺炎疫情暴发以来，意大利、法国、西班牙、德国等欧盟主要国家相继受创，也对金融系统产生了巨大的负面影响，风暴之中的欧盟银行体系正面临一场严峻的考验。

在此背景下，欧盟发布"欧盟 2020 战略"，旨在加强各成员国间经济政策的协调，在应对气候变化的同时促进经济增长，扩大就业，也在一定程度上反映出其坚定不移推动欧洲一体化的决心。同时，亦有专家认为，欧洲银行业可能会迎来新一轮并购浪潮，如 2020 年已相继发生西班牙第三与第四大银行——Caixabank 与 Bankia 间的并购，以及意大利 IntesaSanpaolo 银行对 UBI 的并购。

另一方面，2020 年，英国正式脱欧，对欧盟内部的经济运行和欧洲一体化的持续推进均造成了较大的影响。英国银行的国际化在欧盟中属于较高水平（见图 6-3），在全球金融市场中亦有相当大的影响力，渣打银行和汇丰银行的国际化发展更是长期占据世界前列，因此，英国脱欧可能将对欧盟银行的整体国际化水平产生一些负面影响。

面对英国脱欧带来的挑战，欧盟需要扶持除伦敦外其他国际金融中心的发展，尤其是以巴黎、法兰克福、阿姆斯特丹为代表的欧洲重要城市。自英国脱欧公投以来，不仅是欧洲地区银行加速调整业务布局，以摩根大通、高盛集团和摩根士丹利为代表的美国跨国金融机构也在加速向法兰克福、巴黎和其他欧洲金融中心转移资产和员工，如花旗集团已将其欧盟经纪业务从伦敦转移至法兰克福，并新增了在其他六个欧洲城市的业务。

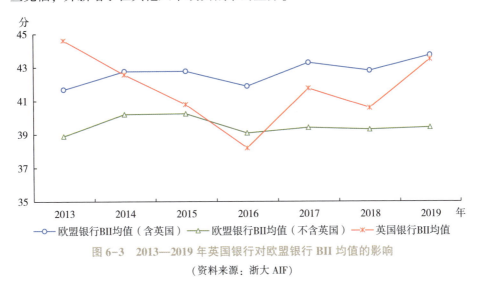

图 6-3　2013—2019 年英国银行对欧盟银行 BII 均值的影响

（资料来源：浙大 AIF）

6.2　"一带一路"沿线的银行国际化

2015 年 3 月 28 日，《推动共建丝绸之路经济带和 21 世纪海上丝绸之路的愿景与行动》正式发布，开启了"一带一路"沿线的五通合作。其中，作为重要支撑的资金融通也特别提到"以银团贷款、银行授信等方式开展多边金融合作"。"一带一路"沿线大多数是新兴经济体和发展中国家，经济正在飞速增长（见图 6-4），蕴含着大量经济发展机会与巨大的金融市场需求，据亚洲开发银行测算，2010—2020 年，仅亚洲地区基础设施投资便会产生高达 8 万亿美元的资金需求，平均每年 8000 亿美元。这一方面需要诸如亚洲基础设施投资银行、丝路基金和其他政策性银行的积极支持，另一方面也为沿线各国商业银行的境外发展提供了巨大机遇。

作为近年来全球影响力不断扩大的合作倡议，"一带一路"为全球银行的国际化布局提供了新思路，当然，也让人们更加关注沿线银行自身的全球发展情况。为深入考察沿线区域内银行的国际化水平、探索"一带一路"倡议对银行国际化的作用，本节选取 40 家来自"一带一路"沿线国家的银行进行分析。这 40 家银行主要来自阿联酋、巴基斯坦、巴林、俄罗斯、哈萨克斯坦、马来西亚、孟加拉国、斯洛文尼亚、泰国、土耳其、新加坡、以色列、印度、印度尼西亚、约旦和中国 16 个国家。

图 6-4　2010—2019 年"一带一路"沿线国家 GDP 总量和增速变化情况①
（资料来源：浙大 AIF、世界银行、"一带一路"官网）

6.2.1　国际化水平稳步上升

在 40 家参与 BII 测评的"一带一路"沿线国家/地区银行中，26 家银行在近十年数据可得性较强，图 6-5 展现了以这 26 家银行为代表的沿线国家/地区银行国际化发展情况。可以发现，"一带一路"沿线银行的国际化水平在近十年经历了稳步提升。

首先，"一带一路"沿线银行的国际化水平相比全球银行仍有差距。2019 年，"一带一路"沿线银行的 BII 得分均值为 14.41 分，相比全球银行 BII 得分均值（22.60 分）仍有 8 分的差距。其次，"一带一路"沿线银行的国际化水平整体呈现上升趋势。这一趋势一方面体现在其本身 BII 得分的增长上，2019 年 BII 得分均值（14.41 分）相比 2010 年 BII 得分均值（11.69 分）上涨23.24%，年均增长率达 2.35%；另一方面也体现在其与全球银行 BII 差距的缩小上，2019 年全球银行 BII 得分均值是"一带一路"沿线银行的 1.57 倍，相比 2010 年（1.80 倍）缩小了 12.81%。最后，"一带一路"沿线银行国际化水平的上升趋势在十年间保持了持续性与稳定性，尽管年均增长率不高

---

①　图 6-2 中 GDP 总量根据 63 个"一带一路"沿线国家（巴勒斯坦、叙利亚 GDP 数据不可得）2010 年不变价美元计算。

（2.35%），但每年保持增长，这也从一个侧面印证了"一带一路"国家/地区的巨大的金融发展空间，以及沿线新兴市场的成长力量。

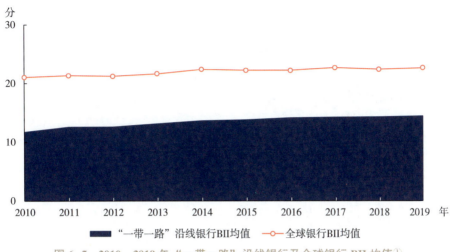

图 6-5　2010—2019 年"一带一路"沿线银行及全球银行 BII 均值①

（资料来源：浙大 AIF）

6.2.2　银行间表现趋于多元

表 6-3 对 40 家"一带一路"沿线银行 2019 年的国际化得分与排名进行了展现，40 家银行中，13 家来自中国（12 家）和俄罗斯（1 家）的银行为全球性银行，其余 27 家银行为区域性银行，其中，有 4 家银行来自发达国家（新加坡和斯洛文尼亚）。总体而言，"一带一路"沿线国家/地区多为新兴经济体，金融市场的开放较晚，银行的海外拓展与经营相对发达国家银行而言仍不成熟，国际化水平整体较低，但沿线不同国家、不同定位的银行在国际化发展上也呈现出多元的表现。

表 6-3　2019 年"一带一路"沿线银行 BII 得分

序号	银行	国家	BII 得分	BII 变化率（%）	全球性银行排名	区域性银行排名
1	阿拉伯银行	约旦	48.63	-2	—	2
2	国民联合银行	巴林	40.74	1	—	3

---

① BII 长期跟踪近 150 家银行的国际化发展，图 6-5 展现近十年数据可得性较强的 26 家"一带一路"沿线银行与 44 家全球银行 BII 均值。

序号	银行	国家	BII 得分	BII 变化率 (%)	全球性银行排名	区域性银行排名
3	大华银行	新加坡	31.08	−1	—	4
4	华侨银行	新加坡	30.33	−3	—	5
5	中国银行	中国	27.68	3	23	—
6	新卢布尔雅那银行	斯洛文尼亚	27.22	1	—	6
7	新加坡星展银行	新加坡	26.25	−5	—	7
8	马来亚银行	马来西亚	25.42	−10	—	8
9	马士礼格银行	阿联酋	22.80	3	—	10
10	中国工商银行	中国	17.79	6	30	—
11	巴罗达银行	印度	13.17	−3	—	14
12	盘谷银行	泰国	12.24	4	—	16
13	锡兰商业银行	孟加拉国	11.09	21	—	17
14	印度国家银行	印度	11.05	—	—	18
15	Habib 银行	巴基斯坦	10.32	—	—	19
16	哈萨克斯坦人民银行	哈萨克斯坦	9.06	49	—	20
17	阿布扎比商业银行	阿联酋	8.86	12	—	22
18	交通银行	中国	8.83	4	37	—
19	俄联邦储蓄银行	俄罗斯	8.39	—	39	—
20	中国建设银行	中国	7.92	1	40	—
21	中国农业银行	中国	6.33	3	41	—
22	以色列工人银行	以色列	4.55	−6	—	24
23	中信银行	中国	4.28	−2	43	—
24	中国民生银行	中国	4.23	—	44	—
25	上海浦东发展银行	中国	4.21	4	45	—
26	印度尼西亚国家银行	印度尼西亚	4.17	−18	—	25
27	旁遮普国家银行	印度	3.89	−13	—	27
28	土耳其担保银行	土耳其	3.44	−20	—	28
29	曼迪利银行	印度尼西亚	3.39	−4	—	29
30	暹罗商业银行	泰国	2.95	−7	—	30
31	MCB 银行	巴基斯坦	2.95	13	—	31
32	中国光大银行	中国	2.89	9	46	—

续表

序号	银行	国家	BII 得分	BII 变化率（%）	全球性银行排名	区域性银行排名
33	招商银行	中国	2.89	−7	47	—
34	兴业银行	中国	2.12	–	49	—
35	伊斯兰银行	孟加拉国	1.97	−30	—	32
36	印度尼西亚人民银行	印度尼西亚	1.91	9	—	33
37	Allied 银行	巴基斯坦	1.82	18	—	34
38	广发银行	中国	1.01	1	—	35
39	亚洲中央银行	印度尼西亚	0.56	0	—	36
40	平安银行	中国	0.37	—	—	37

资料来源：浙大 AIF。

具体而言，"一带一路"沿线银行的国际化表现具有以下特点。第一，全球性银行国际化水平与其资产规模或影响力尚不匹配。12 家全球性银行的 BII 排名在全球性银行榜单中均未进入 TOP20，国际经营比重不足银行整体的三分之一，甚至低于部分区域性银行，国际化水平尚未如其资产规模和全球系统性影响力一般进入全球银行头部梯队。第二，部分区域性银行的 BII 得分较高，重视跨国经营，国际经营比重逐渐接近其国内市场部分。以阿拉伯银行为例，该行是阿拉伯国家中最具代表性的国际金融机构，2019 年，阿拉伯银行以 48.63 分的 BII 得分位列区域性银行国际化排名第 2 位，仅次于来自瑞典的北欧联合银行，位列新兴市场银行之首。此外，来自新加坡的三家银行国际化水平整体较高，均进入区域性银行国际化排名 TOP10，发达与开放的国际金融市场极大地推动了该国银行的国际化发展。第三，尽管沿线银行国际化水平整体呈现上升趋势，但 2019 年各家银行的 BII 得分涨跌互现。2019 年，34 家可计算增长率的银行中，19 家银行 BII 得分上升（如哈萨克斯坦人民银行在 2018 年完成与 KKB 银行的合并后，境外资产波动较大，导致 2019 年 BII 出现 49% 的涨幅），15 家银行 BII 得分下降（如阿拉伯银行的 BII 得分已连续四年下降），数量相近，也侧面反映了沿线地区银行国际化表现的多样化状态。

6.2.3　对比欧盟地区有差距

表 6-4 对"一带一路"沿线银行和欧盟银行的国际化水平进行了对比，分别展现了 2019 年来自两个区域的全球性银行与区域性银行在境外资产和营收上的表现，并分别对标全球性银行 TOP20 和区域性银行 TOP20 的境外指标。

表 6-4　2019 年"一带一路"沿线银行与欧盟银行国际化对比

银行类别	境外资产规模 （亿美元）	境外资产占比 （%）	境外营收规模 （亿美元）	境外营收占比 （%）
欧盟全球性银行均值（16）	5314.9	37.30	154.35	49.20
"一带一路"全球性银行均值（12）	1956.3	8.36	46.3	6.67
全球性银行 TOP20 均值	6075.5	47.30	197.1	58.90
欧盟区域性银行均值（2）	2356.4	54.49	37.4	59.37
"一带一路"区域性银行均值（28）	318.1	19.71	8.5	13.90
区域性银行 TOP20 均值	841.0	32.48	21.5	27.63

注：表中括号中的数字为各区域纳入计算的全球性或区域性银行数量。

资料来源：浙大 AIF，各银行年报。

通过深入对比"一带一路"沿线地区和欧盟地区银行以及 TOP20 银行的国际化差异，可以发现，尽管"一带一路"沿线银行的国际化发展与后两者具有明显差距，但差距的大小与银行类型、考察指标、对标对象息息相关。

从银行类型上看，"一带一路"地区全球性银行与头部银行（及全球性银行 TOP20）的差距相比区域性银行更大，前者 2019 年境外资产规模均值为 1956.3 亿美元，是全球性银行 TOP20 均值（6075.5 亿美元）的 32.2%，后者 2019 年境外资产规模均值只有 318.1 亿美元，却达到区域性银行 TOP20 均值（841.0 亿美元）的 37.8%，其余三个指标与之类似，在一定程度上反映出"一带一路"沿线银行正处于国际化的上升时期：部分银行虽进入全球性银行梯队，但国际化水平有待提升；部分银行国际化经营表现较好，但全球影响力尚未显现。

从考察指标上看，"一带一路"沿线银行与欧盟全球性银行的国际化差距在不同指标上有不同体现，全球性银行间境外资产与营收占比（国际化的深度）的差距更为明显，区域性银行间境外资产与营收规模的差距更为明显。如 2019 年，欧盟全球性银行境外资产规模与占比均值为 5314.9 亿美元和 37.3%，分别是"一带一路"全球性银行境外资产规模（1956.3 亿美元）和占比均值（8.36%）的 2.7 倍和 4.5 倍；而同年欧盟区域性银行境外资产规模与占比均值为 2356.4 亿美元和 54.49%，分别是"一带一路"全球性银行境外资产规模（318.1 亿美元）和占比均值（19.71%）的 7.4 倍和 2.8 倍。这也说明，从区域性银行向全球性银行发展，仅国际化深度有所提升是远远不够的，在境外经营的规模（绝对值）上也需要达到一定的影响力。

从对标对象上看，"一带一路"沿线全球性银行与国际化 TOP20 银行的差距相比欧盟银行更大（如全球性银行 TOP20 的境外营收规模与占比均值分别为"一带一路"全球性银行的 4.3 倍和 8.8 倍，但欧盟全球性银行的境外营收规模与占比均值仅为"一带一路"全球性银行的 3.3 倍和 7.4 倍），说明无论是欧盟地区还是"一带一路"沿线地区，都无法代表全球性银行国际化的最高水平，美国、日本等国家的银行在全球性银行的国际化头部梯队中占有重要的一席之地。相比之下，"一带一路"区域性银行与国际化 TOP20 银行的差距则比欧盟银行更小（如区域性银行 TOP20 的境外营收规模与占比均值分别为"一带一路"区域性银行的 2.5 倍和 2.0 倍，但欧盟区域性银行的境外营收规模与占比均值达到了"一带一路"区域性银行的 4.4 倍和 4.3 倍），参与测评的两家欧盟区域性银行（北欧联合银行、新卢布尔雅那银行）国际化水平显著高于其他区域性银行。

风云渐起　图之未萌

第 7 章　Chapter 7

Will De-globalization Disrupt
Banks' International Expansion?

全球银行国际化案例

为更深入地了解不同银行的国际化发展历程，本章选取来自中国、美国、英国、日本、法国、德国的 10 家银行，对其国际化背景、历程、现状、特色进行分析，为其他银行的国际化发展提供借鉴。

7.1　中国银行

中国银行是中资银行国际化的先行者之一，该银行 2019 年在全球性银行中的 BII 排名为第 23 位，在中资银行的国际化排名中则位列第一，该行的国际化发展既受到了其历史定位的影响，又结合了当前全球与中国的开放趋势。

7.1.1　国际化背景

中国银行是目前中资银行中国际化水平最高的银行，这在一定程度上得益于其悠久的国际化经营历史。自 1912 年成立以来，中国银行便先后行使中央银行、国际汇兑银行和国际贸易专业银行职能。1949 年以后，该行又曾长期作为国家外汇外贸专业银行，统一经营管理国家外汇，开展国际贸易结算、侨汇和其他非贸易外汇业务。改革开放以来，中国银行的全球化发展同中国的对外开放步伐一样越发深化，已成为涵盖银行、保险、证券、基金、直接投资、飞机租赁、资产管理、金融科技等多项业务的综合金融集团，并在全球 61 个国家和地区①设点经营。

7.1.2　国际化历程

中国银行的国际化历程与其银行身份的发展与转变息息相关，成立 100 多年以来，其国际化发展的典型事件如下：

表 7-1　中国银行国际化大事件

年份	事件
1912	中国银行正式成立，总行位于中国北京，行使中央银行职能
1915	北京、天津、上海、汉口、广东 5 家分行开始试办外汇业务
1928	改组成为国际汇兑银行，主营外汇业务
1929	第一家海外分支机构——伦敦经理处正式开业
1949	成为新中国外汇专业银行，承担外汇经营管理工作

---

① 本报告将港澳台地区算作中国银行的境外地区。

年份	事件
1968	推动对港澳地区试行使用人民币计价结算
1979	新中国成立后第一个海外分行——卢森堡分行开业
1980	开始发行外汇兑换券，到 1989 年发行量累计 310 亿元，约 41 亿元在市场上流通
1984	首次在国际资本市场——日本东京市场发行债券（日元）
1994	正式参与港币发行
1995	正式参与澳门币发行
2006	中国银行股份有限公司 H 股在香港联合交易所挂牌上市
1997	赞比亚分行、布达佩斯代表处开业，进入非洲市场
1998	巴西圣保罗代表处开业，进入南美洲市场
2004	转变战略重心，重点打造国内业务，至 2012 年，海外资产占比从 52.89% 下降至 23.52%
2011	首次入选全球系统重要性银行，是中国及新兴经济体国家和地区第一家入选的银行
2016	为新开发银行成功开立首个国际金融组织自贸区账户
2020	首家中外合资理财公司——汇华理财批准开业

资料来源：浙大 AIF，公开报道。

总体来看，中国银行的国际化历程大致经历了四个不同的阶段：

（1）外汇外贸专营时期（1928—1994 年）：除成立之初的十几年承担着中央银行职责外，中国银行从 1928 年起便开始承担中国的国际贸易与外汇外贸专营职责。新中国成立前该行以国际汇兑银行和国际贸易专业银行的身份开拓海外市场，至 1930 年年底，中国银行便已有国外汇通行 62 家、特约代理行 96 家，遍及 43 个国家；新中国成立后成为外汇专业银行，承担外汇经营管理工作，持续推进全球网络建设与人民币国际化进程，国际化水平相比于中国其他银行遥遥领先。

（2）国际化飞速发展时期（1994—2004 年）：1994 年，中国银行改组为国有独资商业银行，不再专营外汇外贸业务。但这段时期该行依然依托其已有的国际化经营优势，大力发展国际业务，先后入驻非洲、东欧和南美洲，2004 年，中国银行海外资产占比已达 52.89%。

（3）注重国内市场的战略转型时期（2004—2012 年）：2003 年，中国银行开始股份制改革；2004 年，中国银行股份有限公司挂牌成立，战略重心随之转向国内市场；2008 年，该行开始实施"以商业银行为核心、多元化服务、海内外一体化发展的大型跨国银行"的发展战略规划，海外业务利润增长逐渐放缓，2012 年，其海外机构资产总额和税前利润在集团中占比分别降至 23.52%和 18.62%。

（4）加强海外整合的全球化发展时期（2012 年至今）：随着"一带一路"倡议的提出与全球化形式的越加复杂，中国银行的海外发展也有了一定变化。一方面，自 2013 年起，中国银行海外业务对整个集团的贡献度开始回升，其海外发展再次逐步推进开来。另一方面，中国银行的境外发展更加注重与国家对外开放战略及人民币国际化的积极结合，全球化结构有所调整。截至 2019 年年底，该行累计跟进"一带一路"沿线重大项目逾 600 个，提供授信约 1600 亿美元；跨境人民币结算量、清算量保持全球第一。

7.1.3 国际化现状

中国银行的国际化现状基本代表了中资银行"走出去"的最高水平。

从历史视角出发，中国银行的国际化水平总体呈现较为平稳的上升态势（见图 7-1）。正如前文所述，2004—2012 年是中国银行注重国内市场的战略转型时期，其 BII 水平相对较低，除 2007 年与 2012 年外，均不足 20 分。这一情况在 2013 年有了明显的变化，当年中国银行 BII 上涨 11.2%，是 2012 年增速的近 3 倍，国际化水平开始加速回升，之后一直保持上升态势，至 2019 年达 27.68 分，成为近 15 年的最高水平，相比 2005 年增长了 40%。

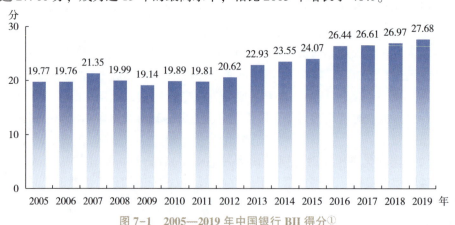

图 7-1　2005—2019 年中国银行 BII 得分[1]

（资料来源：浙大 AIF）

---

[1] 本报告所有银行 BII 数值会根据指标体系、数据更新等原因进行追溯调整，以保证历史维度上的可比性，本章所有银行案例亦如此。

从同行视角出发，中国银行在中资银行中国际化水平遥遥领先，是国际化的先行者，2019 年 BII 得分值（27.68 分）是 5 家中资大型国有商业银行均值（13.71 分）的 2 倍。与此同时，中国银行在 49 家全球性银行中，国际化排名第 23 位，BII 得分值是 TOP5 银行均值（57.59 分）的 1/2，在全球市场中，该行的国际化水平还有待提升。

表 7-2　2019 年中国银行及其他代表性银行 BII 情况

项目	银行名称	BII 得分	全球性银行排名
全球性银行 国际化 TOP5	渣打银行	62.71	1
	汇丰银行	59.16	2
	西班牙国际银行	57.92	3
	花旗银行	54.92	4
	荷兰国际银行	53.23	5
	均值	57.59	
中资银行 国际化 TOP5	中国银行	27.68	23
	中国工商银行	17.79	30
	交通银行	8.83	37
	中国建设银行	7.92	40
	中国农业银行	6.33	41
	均值	13.71	

资料来源：浙大 AIF。

从内部视角出发，中国银行的境外资产积累在缓慢提升，境外盈利手段不断丰富，全球布局进一步拓展。截至 2019 年年末，中国银行的境外资产为 6.28 万亿元，同比增长 1.18%，占总资产的 27.58%。同年境外营收规模 1317.44 亿元，同比增长 14.70%，占总营收规模的 23.99%；且境外收入中，非利息收入占比达 58.01%，同比增加 7 个百分点。当前，中国银行共拥有 557 家海外分支机构，覆盖全球 61 个国家和地区，境外机构网络已十分广泛。

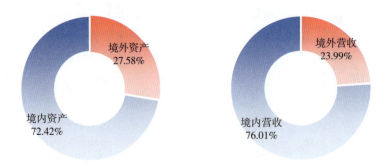

图 7-2　2019 年中国银行境内外资产与营收占比

（资料来源：浙大 AIF，中国银行年报）

7.1.4　国际化特色

中国银行的国际化发展具有鲜明的自身特色，且能够顺应全球与国家大势，立足自身国际化优势，结合时代特色有所重点地调整国际化方向。

（1）具有天生的国际化定位。从 1928 年至 20 世纪末，中国银行经历了国际贸易银行与外汇外贸专业银行等多种身份，均承担着国家外汇外贸专营的业务，统一经营管理国家外汇，并开展国际贸易结算、侨汇和其他非贸易外汇业务，这一几乎与生俱来并延续 60 多年的国际化定位为其后来的国际发展奠定了坚实基础，并引领着中资银行"走出去"的步伐直至今日。

（2）积极把握国家的开放方向。中国银行走过"注重国内市场的战略转型时期"并开始再次提升境外发展的时候，正是"一带一路"倡议提出之时，因而其新时期的国际化发展策略以及全球布局也极大地融入了"一带一路"的特色。2019 年，中国银行孟买分行、雅典分行、布加勒斯特分行、布宜诺斯艾利斯分行相继开业，"一带一路"沿线布局进一步完善；该行还协助多国政府累计发行 60 亿元熊猫债，在 13 个沿线国家发行多币种即远期外汇资金产品，其所发行的"一带一路"主题债券累计募集资金超过 140 亿美元。在全球政治经济形势愈加复杂的当下，紧贴国家开放方向的国际化布局在帮助中国银行充分利用机遇的同时，也使其更加有效地规避了部分国际化风险。

（3）顺应全球科技互联趋势。金融科技势如燎原之火，中国银行也在借助不断更新的技术手段辅助自身的全球化发展。一方面，通过与科技公司的合作，提升境外服务能力，如中银香港与京东新程科技（香港）有限公司、JSH Virtual Ventures Holdings Limited 共同出资成立虚拟银行合资公司 Livi VB Limited，并获得香港金融管理局颁发的银行牌照，以创新科技为客户提供银行服务。另一方面，持续提升全球化网络金融服务能力，截至 2019 年年末，中国银行海外企业网上银行覆盖 46 个国家和地区，支持 14 种语言，借助网络媒介、多种语言转换等减少了金融服务的时空限制。

7.2　中国建设银行

中国建设银行是中资银行国际化发展第二梯队的代表银行，该银行 2019 年在中资银行的国际化排名为第 4 位，在全球性银行中的 BII 排名为第 40 位，虽然国际化发展历史较为短暂，但也在一定程度上代表了中资银行国际化探索者的发展特色。

7.2.1　国际化背景

中国建设银行的国际化经营历史较为短暂，该行于 1954 年在第一个五年计划的背景下为管理巨额建国资金而成立，改革开放前主要业务包括发放短期贷款、预算拨款、资金预付、结算等，并未过多涉及国际化业务。改革开放后，建行开始办理外币业务，并逐渐开展了外汇存贷款、外汇汇款、外汇担保和信用卡业务等外汇业务。2005 年中国建行实行了股份制改革，并正式制定了国际化战略与中长期目标，系统性的国际化发展提上日程。截至 2019 年年末，该行境外分支已覆盖 30 个国家和地区①，拥有各级境外机构 200 余家，为客户提供个人银行、公司银行、投资理财等全面的金融服务。

7.2.2　国际化历程

中国建设银行在成立初期并未有过多国际化业务，自 20 世纪 80 年代改革开放后才逐步迈上国际化的道路，其国际化发展的典型事件如下：

表 7-3　中国建设银行国际化大事件

年份	事件
1954	中国人民建设银行正式成立，主营业务为管理巨额建国资金
1986	获批在深圳、厦门、珠海三个经济特区开设机构试办国际业务
1988	获批开办 7 项外汇业务，北京总行正式创设国际业务部
1988	购入香港嘉华银行 10% 的股份，是内地国有专业银行第一次购买境外银行的股份

---

① 本报告将港澳台地区算作中国建设银行的境外地区。

续表

年份	事件
1991	设立第一家海外机构——伦敦代表处
1995	设立第一家海外分行——香港分行
1996	更名为中国建设银行
1998	设立第一家在欧洲的跨时区经营分行——法兰克福分行
2003	与越南投资发展银行签订全面业务合作协议
2005	在香港联合交易所挂牌上市
2006	成为中国内地首家进入恒生指数成分股的 H 股公司
2006	出台《中国建设银行股份有限公司海外发展战略纲要》
2007	在上海证券交易所挂牌上市
2009	设立第一家在欧洲的全资子公司——中国建设银行（伦敦）有限公司
2009	设立第一家在美洲的分行——纽约分行
2012	制定《关于落实"2011—2015 年海外发展规划"的工作方案》
2012	在伦敦成功发行 10 亿元人民币债券，是中国首家在英国发行人民币债券的银行
2013	设立第一家在中东地区的全资子公司——中国建设银行（迪拜）有限公司
2014	成为伦敦人民币业务清算行，首次被任命为海外人民币指定清算行
2014	制定《中国建设银行转型发展规划》，加快拓展国际业务和海外业务为重点之一
2016	成为首家参与芝加哥商业交易所（CME）白银定价的中资银行
2018	成为亚金协产业金融合作委员会第一届主任单位
2020	开发的区块链国际银团资产转让平台正式上线

资料来源：浙大 AIF，公开报道。

　　总体来看，中国建设银行的国际化历程大致经历了三个不同的阶段：

　　（1）适应改革开放需要的国际化萌芽时期（1986—1990 年）：为了适应改革开放的需要、符合沿海经济特区外向型经济的迅猛发展以及经济特区的业务特点，1986 年 5 月，中国建设银行获批在深圳、厦门、珠海三个经济特区开设机构试办国际业务，并于 1988 年正式创设国际业务部，走出了国际化发展的第一步。

　　（2）走向境外的国际化探索时期（1991—2005 年）：20 世纪 90 年代，受银行制度改革和规模最大化的目标驱使，国内银行大举进军香港市场，中国建设银行也顺势走出国门，探索国际化发展。1991 年 11 月，中国建设银行设立了第一家海外机构——伦敦代表处，并在此后陆续设立了新加坡，香港和法兰克福代表处。进入 21 世纪之后，中国建行初步制定了海外业务扩张和境外机构发展的战略，即主要拓展亚太、美国等目标市场，并将海外并购作为值得注意的扩张方法。截至 2005 年年底，该行分支机构共覆盖全球 9 个国家和地区。

（3）推进国际化战略发展的新时期（2006 年至今）：中国建设银行于 2005 年实行股份制改革，在 2006 年年末，出台《中国建设银行股份有限公司海外发展战略纲要》，正式确定了海外业务发展中长期战略目标，国际化发展迈入新的阶段。2008 年 4 月，中国建设银行在国内唯一的、统一的人民银行境内外币支付系统中获得境内港元结算资格，成为第一家获此资格的银行。2009—2010 年，伦敦子公司、纽约分行、越南胡志明市分行、悉尼分行陆续开业。2012 年，中国建设银行制定了《关于落实"2011—2015 年海外发展规划"的工作方案》（下文统称"五年计划"），明确了"2015 年基本建成国际一流银行"的战略蓝图。2014 年 6 月，中国建设银行当选为伦敦人民币业务清算行，这是中国建行初次被任命为海外人民币指定清算行，也是中国人民银行第一次在非亚洲的国家/地区指定人民币清算行。2015 年 5 月，中国建设银行智利分行成为人民币清算行，这是中国人民银行首次在南美洲指定人民币清算行。截至 2019 年年底，该行分支机构共覆盖全球 31 个国家和地区，境外资产总额达 1.72 万亿元。

7.2.3　国际化现状

中国建设银行的国际化历程相对较短，在中资银行中是"走出去"第二梯队的中坚力量，但作为全球性银行，其国际化水平仍低于其全球影响力。

从历史视角来看，中国建设银行的国际化水平总体呈现先加速上升后保持稳定的态势（见图 7-3）。2005—2012 年，中国建设银行的 BII 得分值缓慢上升。2012 年起，在"五年计划"的指导下，中国建设银行的 BII 开始加速上涨，从 2012 年的 3.74 分迅速增加到 2016 年的 8.15 分，年均增长率为 21.51%。2016 年之后，中国建设银行的 BII 水平保持稳定，整体数值在 8 分上下浮动。

从同行视角来看，中国建设银行在中资银行的国际化表现中属于"第二梯队"，2019 年该行 BII 得分值（7.92）略高于 5 家中资大型国有商业银行均值（13.71）的 1/2。作为全球性银行，中国建设银行在 49 家全球性银行中，国际化排名第 40 位，BII 得分值不足 TOP5 银行均值（57.59）的 1/7，国际化水平与全球头部梯队差距较大，发展空间广阔（见表 7-2）。

图 7-3　2005—2019 年中国建设银行 BII 得分

（资料来源：浙大 AIF）

从具体指标来看，中国建设银行的境外资产积累与经营能力均在提升，但全球布局仍然有限。截至 2019 年年末，中国建设银行的境外资产为 1.72 万亿元，同比增加 1.67%，占总资产的 4.92%；境外营收规模 219.1 亿元，同比增加 4.16%，占总营收规模的 3.11%；33 家海外分支机构主要分布在境外 30 个国家和地区，境外机构分支数量较少，国际化深度不足。

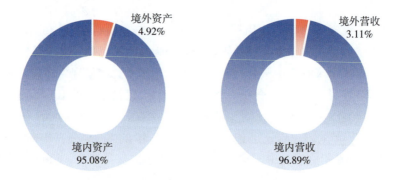

图 7-4　2019 年中国建设银行境内外资产与营收占比

（资料来源：浙大 AIF，中国建设银行年报）

7.2.4　国际化特色

尽管中国建设银行的国际化发展时间较短，但在进入 21 世纪后，建行立足自身，制定了渐次深化的国际化战略，积极把握人民币国际化的良好机遇，在提升自身国际化水平的同时也致力于服务中国企业走出国门。

（1）制定适宜的国际化战略目标。中国建设银行的国际化发展起步较晚，适宜的国际化战略目标与方案对其境外布局、国际化节奏十分重要。2006 年年底，中国建设银行出台了《中国建设银行股份有限公司海外发展战略纲要》，确立国际化发展的中期目标为"壮大亚洲、巩固欧洲、突破美澳、重视新兴国家市场"。2012 年，中国建设银行制定了《关于落实"2011—2015 年海外发展规划"的工作方案》，明确了"建设提供全球化金融服务、逐步实现国际化发展、具有国际竞争力的现代商业银行"的总体定位。2014 年，该行制定《中国建设银行转型发展规划》，将加快拓展国际业务和海外业务作为其转型重点之一。

（2）积极把握人民币国际化的机遇。人民币国际化进程的推进与中资银行的境外发展相辅相成，中国建设银行的境外业务拓展便积极与人民币国际化进程联动：2014 年 6 月，中国建设银行成为伦敦人民币业务清算行；2015 年 5 月，中国建设银行智利分行成为人民币清算行。截至 2019 年年末，建设银行已累计为近 200 个国家/地区、3 万家客户办理跨境人民币业务；英国、瑞士、智利人民币清算行的市场影响力也在不断增强，如截至 2020 年上半年，英国人民币清算行清算量累计突破 47 万亿元人民币，继续保持亚洲以外规模最大的人民币清算行地位。

（3）大力支持中国企业"走出去"。"以客户为中心"是中国建设银行的基本经营理念之一，该行依托区块链、大数据等前沿科技，服务中国企业的跨境经营活动以及随之增长的跨国金融服务需求，大力支持中国企业"走出去"。截至 2019 年，中国建设银行作为中国国际贸易单一窗口首批直联银行，上线金融服务功能 10 余项；"跨境 e+"综合金融服务平台签约客户 15 万户，较上年增长 173.60%；同业首创小微企业全线上融资"跨境快贷"系列产品，累计投放近 40 亿元。

7.3　花旗集团

花旗集团是全球银行国际化的佼佼者，该行 2019 年在全球性银行中的 BII 排名为第 4 位，在美国银行中则位列第一，其国际化路径展现了一个本土银行向大型跨国集团转变的成长历史。

7.3.1　国际化背景

花旗集团在美国的银行中国际化水平首屈一指，在全球银行中国际化水平名列前茅，这在一定程度上得益于其悠久的全球发展历史。花旗集团由花旗银行（Citibank）的持股公司花旗公司（Citicorp）与旅行者集团于 1998 年合并而成，成为美国第一家集商业银行、投资银行、保险、共同基金、证券交易等诸多金融服务业务于一身的金融集团，其前身可追溯至成立于 1812 年的纽约城市银行（City Bank of New York）。1914 年前，花旗集团致力于国内业务的发展；1914 年 11 月 10 日，该集团在阿根廷布宜诺斯艾利斯设立分行，开启了全球扩张之路。目前花旗集团已在全球 159 个国家中拥有 1661 家境外分支机构，覆盖亚洲、欧洲、北美洲及拉丁美洲。

7.3.2 国际化历程

自 1812 年花旗集团的前身纽约城市银行成立，至 1901 年国际银行集团开业，花旗集团均致力于国内市场的开拓，其后国际化业务逐渐蓬勃发展，直至 20 世纪末国际化水平趋于稳定。该集团重要的国际化事件如下：

表 7-4 花旗集团国际化大事件

年份	事件
1812	纽约城市银行成立
1901	国际银行集团（IBC）成立
1902	业务拓展至亚洲、欧洲
1904	IBC 在巴拿马开设分支机构
1914	在阿根廷布宜诺斯艾利斯设立分行，进入南美洲
1918	收购美国银行"国际银行"
1921	收购 1906 年成立的农民贷款和信托公司的巴黎分支机构
1955	更名为"纽约第一国家城市银行"
1961	成立"第一国家城市海外投资公司"作为海外分支及从属机构的控股公司
1966	在伦敦市场开办 Dollar Certificates of Deposit
1969	收购伊朗人银行股份
1974	第一国城市股份公司更名为花旗公司
1984	伦敦分行成为钱伯斯清算公司（CHAPS Clearing Company）的创始成员机构之一
2001	以 125 亿美元的价格收购墨西哥的 Grupo Financiero Banamex-Accival

资料来源：浙大 AIF，公开报道。

总体来看，花旗集团的国际化历程大致经历了三个主要阶段：

（1）立足国内开启国际化步伐的探索时期（1901—1918 年）：在此阶段，

以国际银行集团成立为契机，逐渐向亚洲、欧洲扩张业务。并以临近的拉丁美洲为重点，在巴拿马、阿根廷、巴西设立分支机构，推动拉丁美洲业务的蓬勃发展，并开拓亚洲贸易融资业务。

（2）多手段推动国际化扩张的蓬勃发展时期（1919—1974 年）：1918 年战争结束后，花旗集团的国际化布局迅速拓展。一方面，该集团在全球各地大量新设分支机构：包括欧洲地区的布鲁塞尔、马德里、巴塞罗那、里昂，中东地区的开罗、贝鲁特、吉达等。另一方面，跨国并购也成为这一时期花旗集团大力拓展海外市场的重要手段，1921 年，国家城市银行收购了法国农民贷款和信托公司的巴黎分支机构；1955 年，收购了蒙罗维亚银行；1969 年，其银行控股公司第一国家城市公司收购了伊朗人银行 35% 的股份。

（3）国际化水平趋于稳定的全能银行转型时期（1975 年至今）：花旗集团的国际化发展在 20 世纪末达到高位后趋于稳定，之后该集团主要依托自身广泛的全球化布局拓展各类金融业务，向全能型银行转型。目前，花旗集团已成为集储蓄、信贷、证券、保险、信托、基金、财务咨询、资产管理等全能式金融服务为一体的、全球化程度最高的金融服务连锁公司。

7.3.3　国际化现状

进入 21 世纪后，花旗集团已成为全球布局广泛、国际化程度最高的金融集团之一，图 7-5 以其境外营收规模与占比为例，展现了该集团在近十几年的国际化经营状况。总体来看，2008 年国际金融危机成了一道显眼的"分水岭"。2005—2007 年，花旗集团境外营收连年增长，最高达 439.80 亿美元（2007 年）；2008 年，金融危机来袭，花旗集团境外营收缩水至 398.99 亿元，同比下降 9.28%，但境外营收占比仍然上升，并成为近十几年最高水平（75.58%）；2009 年后，花旗集团的境外营收规模与占比进入较长时间的小幅下降阶段，直至 2017 年逐步回升；2019 年，该集团境外营收 384.15 亿美元，占总营收的 51.71%。

与其他银行进行对比，可以发现花旗集团的国际化水平在美国本土银行中遥遥领先，且高居全球性银行国际化水平第四位。2019 年该集团 BII 得分值（54.92 分）超出美国银行 TOP5 均值（34.05 分）60%以上。与全球性银行国际化 TOP5 均值（57.59 分）相近。

图 7-5　2005—2019 年花旗集团境外营收规模与占比①

（资料来源：浙大 AIF，花旗集团年报）

表 7-5　2019 年花旗集团及其他代表性银行 BII 情况

项目	银行名称	BII 得分	全球性银行排名
全球性银行 国际化 TOP5	渣打银行	62.71	1
	汇丰银行	59.16	2
	西班牙国际银行	57.92	3
	花旗银行	54.92	4
	荷兰国际银行	53.23	5
	均值	57.59	
美国银行 国际化 TOP5	花旗集团	54.92	4
	高盛集团	32.33	18
	美国道富银行	30.48	21
	纽约梅隆银行	27.44	24
	摩根士丹利	25.07	26
	均值	34.05	

资料来源：浙大 AIF。

此外，随着全球经济增速放缓和风险因素加剧，花旗集团的国际化扩张在近年也显示出了"精简规制"的特征。尽管全球布局（国际化广度）并未大

————————————

① 受年报统计口径限制，图 7-5 中以北美之外数据估算花旗集团境外数据。

幅缩减,但其境外机构数量与占比(国际化深度)在近三年有所下降,截至 2019 年,花旗集团境外机构为 1661 家,相比 2017 年的 1757 家减少 5.46%。

7.3.4 国际化特色

花旗银行的国际化发展从本土至境外,市场开拓方式不断丰富,境外业务持续创新,有利于品牌影响力的保持与提升。

(1)以境内成果支撑国际发展。花旗集团在初始成立的前 90 年间并未进行大规模的国际化扩张,而是专注于本土业务的发展。直至 1901 年国际银行成立,在银行整体实力已经积累到一定程度的基础上,推动国际业务的迅速扩张,十几年的时间便使得集团业务辐射至欧洲、亚洲和拉美地区。当然,花旗集团的境外发展步伐也由近至远,对距离本土更近的拉美地区覆盖程度更深:1930 年,花旗银行海外分行达 98 家,覆盖 23 个国家,其中 2/3 集中于拉美地区。

(2)多样化手段拓展海外市场。作为一家经验丰富的金融集团,花旗银行的海外扩张不只专注于境外分支机构的设立,也积极通过跨境并购等方式进入各地市场。如通过收购农民贷款和信托公司的巴黎分支机构进入欧洲法国;通过收购蒙罗维亚银行进入非洲利比里亚;通过收购伊朗人银行进入亚洲伊朗;通过收购 Grupo Financiero Banamex-Accival 进入拉丁美洲的墨西哥。

(3)注重海外业务的创新与发展。在全球版图扩张的基础之上,花旗银行整合了旗下银行及公司,提供银行、证券、投资信托、保险、融资租赁等多元化金融服务,并通过业务创新在全球扩张。如 2010 年,花旗集团开设"智能银行"日本试点,到 2011 年 4 月,"智能银行"的分支机构已经触及 11 个国家和地区,在全球设立了 48 家"智能银行"分支机构与 21 家小型营业地点。

7.4 富国银行

尽管全球影响力表现不俗,但富国银行的国际化道路与大多数全球性银行不尽相同。相比国际业务,富国银行的特色与优势更多地体现在其更具本土特色的社区银行业务与小微企业服务上,该行品牌国际影响力优于国际化发展"硬指标"的表现。

7.4.1　国际化背景

成立于 19 世纪中期的富国银行发端于美国西部地区，至今遍及美国各地，并在全球 30 余国家设有分支，但其经营重心始终位于国内。1852 年，Henry Wells 与 William Fargo 成立 Wells, Fargo&Co.（富国公司），主要办理银行业务（黄金购买与黄金等价银行汇票的出售）和提供快递服务（黄金与其他物品的快速交付），开业地点是被淘金热笼罩的旧金山。1888 年，富国公司沿着横跨美国东北部的新铁路网向纽约扩张，成为美国第一家全国性的快递公司，并以"从远洋到远洋"来描述其连接 25 个州超过 2500 个社区的服务。当前，富国银行以"满足客户所有的财务需求，在财务方面辅助客户成就事业"为愿景，重点关注对个人、社区和本地企业的服务，成为美国深耕本土的代表性银行。截至 2019 年年底，该行在美国所有银行中总资产排名第四位，普通股市值排名第三位。

7.4.2　国际化历程

与其他享誉世界的银行有所不同的是，富国银行的境外业务并未呈现出较高的占比，其国际化也主要体现在自身商业模式的广泛传播上。通过表7-6 也可以发现，其经营网络的拓展也主要以国内市场为主：

表 7-6　富国银行国际化大事件

年份	事件
1852	富国公司成立于旧金山
1905	富国公司被拆分，其中银行部门与内华达国民银行合并，成立富国内华达国民银行
1918	联邦政府接管富国公司快递业务
1923	富国内华达国民银行与联合信托公司合并，更名为"富国银行与联合信托公司"
1972	登陆纳斯达克
1986	并购克罗克银行，成为美国第十大银行集团
1987	收购美国银行的个人信托业务
1988	并购巴克莱银行的加州分支机构
1996	并购第一洲际银行
1998	与西北银行平等合并
2008	并购美联银行
2013	首次成为全球市值最大的银行

资料来源：浙大 AIF，公开报道。

总体来看，富国银行的国际化历程大致经历了五个不同的阶段：

（1）业务模式不断调整的探索时期（1852 年至 20 世纪中期）：在此阶段，富国银行几乎没有境外业务的拓展，其发展重心在于国内市场的开拓与业务模式的探索调整。一方面，在 19 世纪后半叶，富国公司依托淘金热和铁路时代的东风，将自身的经营网络从美国西部拓展至东海岸。另一方面，进入 20 世纪后，富国公司几经拆分与合并，在 1918 年快递业务被收归国有后与西北银行建立西北银行联盟，并在《麦克法登法案》禁止银行业跨州经营时进入内生发展期。

（2）以社区银行业务闻名全球的扩张时期（20 世纪中期至 20 世纪末）：富国银行的"社区银行"名片最早可追溯至 20 世纪下半叶。该行在加州人口增长的契机下密切关注房地产业发展，将住房贷款与商业贷款发展成为特色业务。1979 年，加州房地产业出现衰退，富国银行转而通过一系列州内并购拓展经营网络（见表 7-6），成为加州第二大金融集团。1994 年，银行控股公司跨州收购的禁令被解除，富国银行先后通过并购第一洲际银行、西北银行以及美联银行布局全美。经过 20 世纪后半叶的迅速发展，富国银行不仅确立了自身社区银行的服务定位，也凭借其在这一业务上的精湛表现成为全球银行经营与管理模式的学习范例。

（3）全球影响力日益扩大的稳定发展时期（21 世纪初期至今）：进入 21 世纪后，富国银行在凭借严格的风险管理和较高的信贷业务质量闻名全球的同时，影响力也进一步提升，2012 年 6 月末，富国银行成为美国市值最高的银行；2013 年，该行首次成为全球市值最大的银行。

7.4.3　国际化现状

2019 年，富国银行的 BII 得分为 10.80 分，在美国的银行国际化排名中位列第 8 名，在全球性银行国际化排名中位列第 35 位，国际化水平并不高。究其原因，在于富国银行的业务重心以服务本土的社区银行为主，来源于社区银行业务的收入达 66%，相比于国际化发展，富国银行的生财之道在于深耕本土。以最为常见的存贷款业务为例，截至 2019 年年底，富国银行的存款总额为 13226.26 亿美元，境外存款仅占比 4.08%，较 2018 年（4.53%）有所下降；而尽管境外贷款从 2018 年的 714.65 亿美元上升至 2019 年的 801.52 亿美元，但占贷款总额的比重仍然从 13.92% 下降至 8.33%。可见，相比境外业务，富国银行境内业务的增长更加有力。

表7-7　2018—2019年富国银行境外存贷款

项目	2019 年	2018 年	变化率
境外存款规模（亿美元）	539.12	582.51	-7.45%
境外存款占比（%）	4.08	4.53	-9.93%
境外贷款规模（亿美元）	801.52	714.65	12.16%
境外贷款占比（%）	8.33	13.92	-40.16%

资料来源：浙大 AIF，富国银行历年年报。

相比境外发展的"硬指标"，富国银行的国际化更多地体现在其全球影响等"软实力"上。一方面，该银行长期属于全球系统重要性银行，在 2019《银行家》TOP1000 银行榜单中也位列第 7 位，全球影响力可见一斑。另一方面，根据 Brand Finance 的品牌价值排名，富国银行位列全球第 5 名，受到市场广泛认可。此外，富国银行的以客户为中心的交叉销售策略也常见于金融机构经营管理的教学案例中，这也是其国际化"软实力"的重要体现之一。

7.4.4　国际化特色

富国银行的国际业务相比其社区银行业务和小微企业服务并非其发展重点，但该行依然可以形成较为强大的国际影响力，这与其精准定位下的业务精细化深入发展有着极其重要的联系。

（1）依托社区银行和小微企业服务谋求发展空间。在高度竞争的金融市场中，富国银行凭借社区银行和服务小微企业的特色定位为自身赢得了发展空间。在社区银行业务上，80 多个业务单元在覆盖个人客户不同年龄阶段主要金融需求的同时，也为富国银行带来了廉价的、充足的存款，有助于资金成本的降低。在小微企业服务上，富国银行将小微企业细分为加工作坊、初创企业、家庭工厂、个体户、无利润企业、服务型小微企业等 10 种类型，开发针对性产品提供简化流程的贷款服务，此类业务为富国银行带来了高额利息收入，使其积累起资金收入上的优势。

（2）基于业务特色选择国际化战略，深耕国内市场成为重点。富国银行深耕本土而非大力推进国际化的发展战略是基于其主营业务特色做出的选择。一方面，社区银行理念对银行亲和力有一定的要求，如果将其应用至境外地区，将会面临来自当地本土银行的强大竞争。另一方面，专注小微企业意味着富国银行的主要客户群体缺乏大额结汇等跨境需求，无法对其国际业务形成强有力的支撑。因此，适当弱化国际业务但强调专业化的发展，是适合富国银行整体定位的方向，也帮助其在社区银行和小微企业金融业务上形成优势，推动银行价值不断提升。

7.5　渣打银行

渣打银行是全球银行在国际化方面的领军者，该银行 2019 年在全球性银行 BII 排名中位列榜首，这与其极为悠久的国际化历史和着眼全球的发展战略密不可分。

7.5.1　国际化背景

渣打银行的国际化水平引领全球，很大程度上源于其极为悠久的国际化历史。该行于 1853 年在伦敦成立，英国当时正值工业革命，随着英属殖民地的不断扩张，英国的对外贸易迅速发展，大量企业走出英国，催生了对跨境转账、海外信贷等银行跨境服务的巨大需求，也为渣打银行的境外发展提供了广阔的市场。因而，渣打银行的发展历程便是其国际化历程，百余年的全球发展使其成为在伦敦和中国香港及孟买证券交易所多地上市，并在中国香港，南非和马来西亚等地拥有发钞权的国际性银行。

7.5.2　国际化历程

渣打银行的国际化历程开启较早，在成立后的第五年便开始设立境外分支机构，并通过设立分支机构与跨境并购迅速拓展各个市场。表 7-8 简单列举了其全球布局的拓展历程。

表 7-8　渣打银行国际化大事件

时间	事件
1853 年	成立于维多利亚女王时期
1858 年	在加尔各答设立第一家境外分行，进入印度市场
1850—1860 年	在亚洲和西非多地设立分行
1900 年	成为纽约首家外资银行
1957 年	收购东方银行，进入中东市场
1965 年	合并原英属西非银行，扩张非洲网络
1969 年	渣打集团成立
1979 年	收购美国加利福尼亚州的联合银行
1999 年	收购黎巴嫩 Metropolitan 银行 89% 的股权，收购泰国 Nakornthon 银行 75%的股权
2002 年	在香港联交所上市

资料来源：浙大 AIF。

渣打银行的国际化历史悠久，主要可以分为以下三个阶段：

（1）国际化初期，服务英属殖民地（1853—1969 年）：渣打银行的前身——印度、澳大利亚及中国特许银行（以下简称特许银行）和英属南非标准银行（以下简称标准银行）均成立于英国维多利亚女王时期，主要服务于英殖民地经贸往来。其中，特许银行侧重于亚洲的发展，成立后逐步在印度、中国、新加坡等 21 个国家和地区开设了分支机构，并通过收购东方银行（1957 年）将业务进一步延伸到巴林、卡塔尔等 13 个中东国家。标准银行侧重于非洲的业务发展，初期在南非设点，随后陆续在非洲中部和东部 20 个国家/地区开设分支机构，并于 1965 年收购英属西非银行，业务进一步延伸到加纳、尼日利亚等西非国家。1969 年，特许银行与标准银行合并，成立渣打集团。

（2）国际化中期，拓展欧美市场（1970—1990 年）：在特许银行与标准银行合并前，两行在德国汉堡、美国纽约以及墨西哥已设有少量分支机构，合并后的渣打银行开始重点开拓欧美市场。欧洲方面，渣打银行首先在英国增开 22 个分行，并于 1973 年收购 Hodge 集团，后又陆续在西班牙等 9 个欧洲国家设立分支机构。美洲方面，除在加拿大、阿根廷等 6 个国家设立分支机构外，还于 1979 年收购了美国加利福尼亚州的联合银行，同时进入巴西和委内瑞拉。1980 年，渣打银行在欧美的资产总额一度曾占到其总资产的 50% 左右。但 20 世纪 80 年代，油价上涨和第三世界债务危机的暴发给渣打银行欧美业务造成了大量不良资产与拨备损失，渣打银行决定收缩欧美战线，回归亚、非和中东等具有传统优势的市场。

（3）国际化后期，强调新兴市场（1991—2002 年）：20 世纪 90 年代，渣打银行提出了"新兴市场银行"的战略定位，削减英国及拉美的分支机构，将战略重点放在亚洲、非洲及中东地区。一方面，1992 年起，渣打银行陆续在柬埔寨、老挝等国新设分支机构，到 1996 年已全面覆盖亚太地区除朝鲜以外的国家和地区。另一方面，1999—2000 年，陆续收购 Metropolitan 银行、Nakornthon 银行、Grindlays 银行、大通曼哈顿信用卡公司，迅速扩大了自身在中东、南亚、东亚等地区的影响力。2003 年，渣打银行提出"建设全球最佳国际银行，引领亚洲、非洲和中东市场"的新战略，先后收购印度尼西亚 Permata 银行、韩国第一银行、巴基斯坦联邦银行、台湾新竹国际商业银行、韩国互惠储蓄银行、美国运通银行、巴克莱银行在非洲的证券托管业务，香港安信信贷公司、美国通用金融在新加坡的汽车和个人贷款业务，入股渤海银行 19.99% 的股份等。

7.5.3　国际化现状

目前，从 BII 的表现上来看，渣打银行代表了全球性银行国际化的最高水平。近十年来，该行始终保持着 50 分以上的 BII 得分（见图 7-6），国际化排名连年位于全球性银行榜首。2017 年，渣打银行 BII 得分首次超过 60 分，之后三年虽呈现小幅下降趋势，但得分始终保持在 60 分以上，2019 年，BII 得分为 62.71 分，相比 2009 年上升 16.91%。

图 7-6　2009—2019 年渣打银行 BII 得分

（资料来源：浙大 AIF）

作为全球银行国际化的引领者，2019 年渣打银行的 BII 得分（62.71 分）高出全球化银行 TOP5 均值（57.59 分）五个百分点。渣打银行国际化的高水平体现在各个方面。首先，其境外资产积累较多，截至 2019 年，渣打银行境外资产为 4998.19 亿美元，占总资产的 69.38%，进入全球性银行 TOP15。其次，渣打银行的境外经营经验丰富，境外营收占集团营业收入的 88.70%，远超其他银行。最后，截至 2019 年年底，渣打银行的海外分支机构超过 300 家，分布在 59 个国家及地区。

表 7-9　2019 年渣打银行及其他代表性银行 BII 情况

项目	银行名称	BII 得分	全球性银行排名
全球性银行 国际化 TOP5	渣打银行	62.71	1
	汇丰银行	59.16	2
	西班牙国际银行	57.92	3
	花旗银行	54.92	4
	荷兰国际银行	53.23	5
	均值	57.59	

续表

项目	银行名称	BII 得分	全球性银行排名
英国银行 国际化 TOP4	渣打银行	62.71	1
	汇丰银行	59.16	2
	巴克莱银行	36.73	14
	苏格兰皇家银行	8.55	38
	均值	41.79	

资料来源：浙大 AIF。

在渣打银行的全球布局中，大中华区、北亚、东盟、南亚为集团利润作出了较大贡献，这也与渣打银行重点发展新兴市场以获得业务增长机会和资本回报的战略重点相符。

表 7-10　2019 年渣打银行利润地区分布

地区	2019 年（百万美元）	2018 年（百万美元）	增长率（%）
大中华区和北亚	2432	2369	3
东盟和南亚	1025	970	6
非洲和中东	684	532	29
欧洲和美洲	157	154	2
中央及其他地区	−126	−168	25

资料来源：浙大 AIF，渣打银行年报。

7.5.4　国际化特色

渣打银行作为英联邦地区历史悠久的银行集团，其国际化之路几乎在创立之初便已开始，因而国际化特色十分鲜明，国际化经验相当丰富。

（1）厚重的国际化历史赋予其"天生的"国际化特性。渣打银行一经诞生便抓住了历史的机遇。1721 年英国颁布《泡沫法案》，规定除获得皇室特许授权以外的组织按企业模式经营或发行股票是非法行为，由此保证了包括渣打银行在内的众多企业的行业垄断地位。再加上当时的英国正处于工业革命时期，生产效率的迅速提高也推动了银行业的快速发展。此后，随着英国殖民地的开拓，企业对外贸易的需求不断增长，为渣打银行的国际化扩张之路提供了广阔的市场。

（2）根据国际形势积极调整国际化布局，并开拓特色业务。渣打银行的全球化布局在不同时期均有调整，从英属殖民地到欧美地区再到新兴市场，且多依托市场特性调整业务重点。如在英国和美国以及欧洲发达市场，渣打银行重点拓展公司业务和高端私人银行业务；在新兴市场，渣打银行凭借较多的机构网点，在大力拓展公司业务的同时，积极拓展中小企业金融、私人银行、个人贷款等零售银行业务，并将中小企业金融服务作为发展零售银行业务、扎根本土市场的重要一环。

（3）深度结合金融科技与网络优势，提高境外服务能力。渣打银行积极参与金融科技业务的开展，通过数字网络技术提升客户服务和经营效率，并结合自身全球网络布局的优势支持企业全球商业活动。如渣打银行与全球最大的数字业务网络公司 SAPARIBA 达成战略合作，为企业客户提供金融供应链问题解决方案；推行非洲数字化转型战略，在肯尼亚创建辐射非洲地区的科创中心。

7.6　汇丰集团

汇丰集团是全球银行国际化的领头羊，该银行 2019 年 BII 在全球性银行中排名第二位，自创立之初便剑指全球市场，经过百余年发展逐渐成为全球最具影响力的国际化金融集团之一。

7.6.1　国际化背景

汇丰集团是全球最大的银行和金融服务机构之一，其前身为 1865 年成立的香港上海汇丰银行，后于 1991 年改革重组，成立了汇丰集团。全球化经营战略是汇丰集团百年来一直推崇的核心战略，业务网络覆盖全球 64 个国家和地区，具有 23.5 万名全球雇员，已先后在香港、伦敦、纽约、巴黎和百慕大交易所挂牌上市，19.7 万名股东分布于 130 个国家。汇丰集团对国际化发展的重视与该行历史密不可分，长期对全球化经营战略的贯彻与执行也极大地助推了"百年汇丰"这一品牌的成长与推广，截至 2019 年 12 月末，汇丰集团总资产 2.7 万亿美元，营业收入 533 亿美元。

7.6.2　国际化历程

汇丰集团的国际化历程与时代变迁息息相关，自 1865 年成立以来发生了较多的国际化事件，其国际化发展的典型事件如表 7-11 所示。

表 7-11　汇丰银行国际化大事件

年份	事件
1865	汇丰银行成立,开设香港、上海分行
1866	为港英政府发放 10 万港元贷款,获得港元发行权
1875	在亚洲、欧洲和北美洲的 7 个国家/地区设立分支机构
1900	在超过 16 个国家/地区设立分行,主营外汇业务
1901	发展中国清政府关税业务
1918	大宗商品贸易蓬勃发展,亚洲地区业务规模增加
1941	受战争影响,分行大量减少,仅剩伦敦、印度和美国分行
1959	通过并购拓展印度、中东市场,收购有利银行、中东英格兰银行
1972	成立商业银行部门
1980	收购美国海丰银行
1984	重回中国内地市场,设立分支机构
1992	收购英国米特兰银行,总部迁往伦敦
1998	统一汇丰银行全球形象
2010	在上海浦东新区设立上海总部
2017	汇丰前海证券有限公司(中国大陆第一家由外资银行控股的合资证券公司)正式开始运营

资料来源:浙大 AIF,公开报道。

总体来看,汇丰集团的国际化历程大致经历了四个阶段:

(1)国际化经营初探时期(1865—1910 年):汇丰集团在成立时便关注国际业务,通过为多种出口产品提供融资业务拓展国际市场。至 1910 年,该行业务已扩展至亚洲、欧洲和北美等地,在日本、印度、越南和菲律宾等 16 个国家/地区均设有分支机构。

(2)国际化脚步收缩时期(1910—1950 年):汇丰集团在 19 世纪初叶开始大力开发亚洲市场,得益于大宗商品市场的蓬勃发展而有所斩获。但随后受经济大萧条及世界战争等外部冲击的影响,该行全球业务受损,银行版图迅速收缩。1941 年,汇丰集团仅在英国、印度和美国三个国家设有分支机构。

(3)国际化战略的恢复时期(1951—2009 年):第二次世界大战结束后,汇丰集团及时整合资源,调整战略布局,通过大量的跨境并购迅速扩张全球版图,再次成功实现银行业务国际化,跻身全球银行前列。自 1959 年以来,该行先后收购了有利银行(全称印度伦敦中国三处汇理银行,是英国皇家特许银行)、中东英格兰银行、美国海丰银行、英国米特兰银行等多家银行机构。

（4）关注中国市场的发展时期（2010 年至今）：汇丰集团于 1984 年恢复在中国内地的相关业务，但对中国市场的战略倾斜更多地始于 2008 年国际金融危机之后。2010 年，该行设立了新的上海总部，并在中国开设了第 100 家办事处；2017 年，成立了中国内地第一家由外资银行控股的合资证券公司——汇丰前海证券有限公司。

7.6.3　国际化现状

从历史视角出发，汇丰集团十多年来的国际化水平呈现出高位波动的特点（见图 7-7）。BII 数值始终保持在 50 分以上，变动幅度较小，说明其国际化发展基本稳定，仅在 2008 年国际金融危机、2012 年逆全球化声音加大时有较为明显的下降。近几年来，受中美贸易摩擦的影响，汇丰集团的 BII 得分出现较大波动，2018 年跌至 50.36 分，同比下降 6.37%；2019 年上升至 59.16 分（为十五年最高值），同比增长 17.5%。

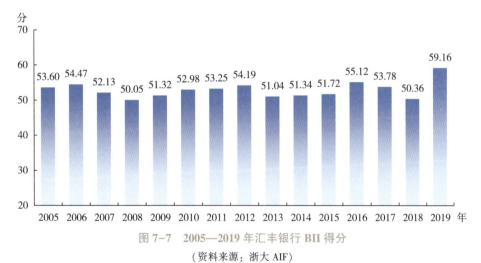

图 7-7　2005—2019 年汇丰银行 BII 得分

（资料来源：浙大 AIF）

从同行视角出发，汇丰集团在全球性银行中国际化水平遥遥领先，是国际化的领头羊（见表 7-9）。该行 2019 年 BII 得分值（59.16 分）略高于全球性国际化 TOP5 银行均值（57.59 分）。在英国银行排名中，汇丰集团国际化程度排名第二位，仅次于渣打银行，BII 得分值是英资银行 BII 均值（41.79 分）的 1.4 倍。

从内部视角出发，汇丰集团的境外资产与营收规模远高于境内。截至2019 年年末，该行在欧洲地区以外的境外资产规模便达 1.60 万亿美元，占集团总资产的58.86%。同年欧洲地区之外的营收规模为380.42亿美元，占集团总营收规模的71.00%。再加上汇丰集团的业务网络覆盖全球64个国家和地区，境外分支机构逾千家，可以说是名副其实的国际金融集团。

7.6.4　国际化特色

尽管汇丰集团的国际化发展水平超越了大多数银行，但随着经济下行压力的加大及资源约束的限制，该行也在不断调整国际化策略，积极谋求转型升级。

（1）集中资源，针对性推进全球化。汇丰集团正在主动减少全球性业务的全面性要求，调整资源配置至高回报地区和业务上，其中尤以亚洲地区和财富管理业务最为突出。在亚洲地区的业务发展上，汇丰集团抢抓人民币国际化的历史机遇，优先服务与中国双边贸易紧密的国家和地区以及经济增长强劲的新兴市场经济体。在财富管理业务的提升上，汇丰银行适应市场趋势，加快调整经营模式，培育新的业务优势，致力于为客户提供全方位、综合化的服务，打造多元化、可持续的盈利增长格局。

（2）调整结构，采取差异化竞争策略。汇丰集团专注于自身优势，针对不同区域采取差异化的策略。如对快速增长的亚洲和中东市场，汇丰集团注重资源的大力投入，积极融入中国京津冀、长三角、粤港澳等地区的金融发展中；对欧洲地区，则将业务重点放在国际批发和交易银行业务上。

7.7　三菱东京日联银行

三菱东京日联银行（以下简称三菱日联）是日本银行业国际化发展的佼佼者，该行2019年在全球性银行的BII排名中为第8位，是4家日本跨国银行中得分最高的银行，该行的国际化发展起步于全球化战略联盟的构建，并通过重点布局北美与亚洲地区获得迅速提升。

7.7.1　国际化背景

2001年，东京三菱银行、三菱信托银行、日本信托银行合并成为三菱东京金融集团（MTFG）；2005年，三菱东京金融集团与日联控股合并为三菱日联金融集团（MUFG）。因此，三菱日联较高的国际化水平也在一定程度上源于几家前身的良好基础，当然也与日本在21世纪的经济发展与国家政策密切相关。尤其是2008年国际金融危机之后，为扶持低迷的经济状况，日本实施大幅宽松的货币政策，低利率甚至负利率政策导致银行息差收窄，日元汇率下跌。为摆脱国内低息差环境，避免日元计价资产的缩水，三菱日联便以成立国际战略联盟为节点开启了境外发展之路，并通过境外设点与跨境并购结合的方式实现境外市场深耕。如今，三菱日联在超过 50 个国家/地区拥有约 1200 个营业点，远超其他日本银行。

7.7.2　国际化历程

三菱日联集团的海外业务发展主要开始于 2008 年国际金融危机之后，其国际化发展的典型事件如下：

表 7-12　三菱日联国际化大事件

年份	事件
2001	东京三菱银行、三菱信托银行、日本信托银行合并成立三菱东京金融集团（MTFG）
2005	三菱东京金融集团和日联控股合并成立三菱日联金融集团（MUFG）
2008	三菱日联以股权投资的方式与摩根士丹利组成全球战略联盟 收购第一家跨境全资子公司——美国 UnionBanCal 公司（UNBC）
2010	整合摩根士丹利在日本的证券和投资银行业务
2011	购买澳洲资管公司——安保资本（AMP CAPITAL）15%的股份 新增"综合全球业务部门"（MUFG Global），提高对亚洲地区新兴市场的重视
2013	收购越南工商银行（VietinBank）20%的股份，是在东南亚地区的第一笔并购 成立东南亚地区第一家合并子公司——泰国 Krungsri 公司
2014	上海自由贸易试验区支行、苏州分公司成立，首次在中国设立分支机构
2016	成立 MUFG 美洲控股公司，遵守美联储的审慎标准
2018	收购澳大利亚联邦银行的全球资管业务（CFSGAM） 发布中期业务计划，聚焦美国和东南亚市场，开发低资本损耗的国际项目融资模式
2019	收购德国 DVB 银行的航空金融业务与美国 Akamai 公司成立基于区块链的在线支付合资企业
2020	获得中国债券结算代理资格，成为首家被指定的日本银行

资料来源：浙大 AIF，公开报道。

三菱日联的国际化进程大致可以分为两个主要阶段：

（1）全球战略联盟启动时期（2008—2011 年）：三菱日联成立后不久，全球性金融危机爆发，欧美银行业受到严重冲击，延续海外扩张的动力不足，但三菱日联经过前期的境外业务收缩，在国际金融危机中遭受的损失较小，为其后续海外业务的扩张提供了契机。2008 年，三菱日联与美国投资银行摩根士丹利组成全球战略联盟，在企业与投资银行、零售银行、资产管理等众多领域确立了长期战略伙伴关系，三菱日联金融集团也重启了自身的国际化进程。之后几年，该行收购了澳洲安保资本（AMP CAPITAL）15%的股份和美国 Pacific Capital Bancorp 等企业，并逐渐增加在摩根士丹利所拥有的投票权，保持了较为稳健的海外拓展步伐，境外机构数从 460 家增加至 555 家，布局国家/地区数从 45 个增加至 49 个，新增区域集中在欧美和澳洲地区。

（2）国际布局重点范围的战略转变时期（2011 年至今）：2011 年，三菱日联增设了综合全球业务部门（MUFG Global），明确了海外业务在集团整体战略中的重要性，并指出要提高对亚洲地区新兴市场的重视。自 2012 年起，三菱日联金融集团的海外扩张动力进一步增强，跨境并购、设立境外分支的频率明显增加，境外布局向东南亚新兴市场加速扩张。2013 年，三菱日联收购越南工商银行（VietinBank）20%的股份，正式进入东南亚市场；同年，该行收购泰国 Krungsri 银行 72%的股份，通过后者在泰国的 600 余家分支机构、19000 个服务网点，为泰国消费者提供金融产品与服务；2014—2017 年，三菱日联相继在蒙古国、印度尼西亚、中国内地、印度、斯里兰卡、缅甸、中国香港等地设立办事处和分支机构；2018 年，该行收购澳大利亚 Colonial First State Group Limited 的 9 家子公司，成为全球资产管理市场的主要参与者；2020 年，三菱日联金融集团已拥有 1200 余家境外分支机构，相比成立之初增加近 3 倍。此外，该行还发布了"中期业务计划"（Medium-Term Business Plan），设立了专门的业务部门，聚焦日本、美国、东南亚地区的零售和中小企业银行业务，提出发展"低资本损耗"的国际项目融资业务模式，旨在成为"日本无与伦比的行业领袖和在海外拥有重要影响力的全球性公司"。

7.7.3　国际化现状

三菱东京日联银行的国际化水平在日本乃至全球都处于领先地位。

从历史视角出发，三菱日联的国际化水平在近十五年表现出了显著而持续的增长态势（见图 7-8）。三菱日联在成立之初正处于全球性战略联盟的启动时期，国际化发展水平相对较低，BII 得分低于 30 分，且每年的变动不大。直至 2011 年增设综合全球业务部门后，该行提高了对日本周围新兴亚洲市场布局的重视，国际化水平得到了明显的提升：2012 年 BII 得分突破 30 分，随后总体呈现平稳的上升态势，2014—2019 年年均增长率约为 7.49%。随着 2018 年中期业务计划的实施，三菱日联的海外业务进一步扩张，2019 年，该行 BII 得分达到 45.10 分的历史高位，相比 2005 年正式成立之时几乎翻了一番。

图 7-8　2005—2019 年三菱东京日联银行 BII 得分

（资料来源：浙大 AIF）

从同行视角出发，三菱东京日联银行不仅是日本国际化水平最高的银行，在全球性银行国际化排名中也名列前茅，排名第 8 位。2019 年，三菱日联的 BII 得分（45.10 分）约为日本四家银行 BII 均值（27.41 分）的 1.65 倍，但与全球性银行国际化排名 TOP5 相比仍有差距（比 TOP5 银行均值低 21.69%），未来存在进一步发展的空间。

表 7-13　2019 年三菱东京日联银行及其他代表性银行 BII 情况

项目	银行名称	BII 得分	全球性银行排名
全球性银行 国际化 TOP5	渣打银行	62. 71	1
	汇丰银行	59. 16	2
	西班牙国际银行	57. 92	3
	花旗银行	54. 92	4
	荷兰国际银行	53. 23	5
	均值	57. 59	
日本银行 国际化 TOP4	三菱东京日联银行	45. 1	8
	日本瑞穗金融集团	35. 2	15
	三井住友银行	26. 61	25
	农林中央金库	2. 71	48
	均值	27. 41	

资料来源：浙大 AIF。

从内部视角出发，三菱日联的境外发展不仅在规模上增长显著，在占比上也有明显提升（见图 7-9）。三菱日联的境外业务创收能力自 2014 年起显著增强，2016 年已超过境内业务，境外营收规模占集团总营收规模的一半以上。2019 年，该行境外营收达 386.4 亿美元，同比增长 21.66%，占总营收规模的 72.48%。

图 7-9　2019 年三菱东京日联银行境内外营收占比

（资料来源：浙大 AIF，三菱东京日联银行年报）

7.7.4　国际化特色

三菱东京日联银行的国际化发展具有独特的战略优势，以建立战略联盟的方式启动国际化进程，并在随后的发展中立足自身区位优势，及时调整海外布局重点区域，逐步完成从全球范围内织网到重点市场深耕的国际化历程。

（1）中小银行"联合"，以集团模式进行海外扩张。三菱东京日联银行的前身是东京三菱银行，在 21 世纪初经过两次合并重组后，诞生了三菱日联金融集团，并在 2008 年后以集团的身份进行海外扩张，从而建立起日本最广泛的银行海外布局网络。以集团为单位进行扩张可以使银行的境外经营更加稳健，为海外扩张提供资本和足够的风险承受能力，这也充分反映出银行的境外发展应当量体裁衣，并非所有银行都需要实施积极的国际化战略。

（2）建立全球战略联盟启动国际化进程。2008 年，三菱日联通过与摩根士丹利建立战略联盟的方式启动了国际化进程，二者的全球战略联盟伙伴关系延续至今。2019 年，三菱日联在摩根士丹利的投票权已增加至 24%，并有权任命代表参与摩根士丹利的董事会。三菱日联以全球战略联盟作为海外扩张的切入口，从北美市场开始，将其国际化业务的范围逐步扩展到亚洲、欧洲、中东和非洲，2019 年覆盖的国家和地区已超过 50 个。三菱日联还成立了专门的部门进行国际化业务的经营，实施员工借调计划，共享全球业务领域的专业知识，2019 年其境外雇员人数已达到总雇员人数的一半以上。所以，科学地选择国际伙伴，建立长期的战略合作伙伴关系，有利于增强银行国际化发展的可持续性和稳定性。

（3）北美洲、亚洲为重点，并购与设点齐头并进。整体来看，三菱日联国际化扩张的重点国家包括美国和亚洲/太平洋地区与日本经济金融有着密切联系的国家，尤其是 2011 年以来，增设"综合全球业务部门"提高了对亚洲新兴市场的重视，在以吸收合并的方式使泰国 Krungsri 银行和印度尼西亚 Danamon 银行成为其合并子公司后，也注重分支机构的建立，持续扩大三菱日联在东道国的影响力。截至 2020 年 3 月末，三菱日联在美国的资产占境外资产总量的比例达 48.77%，亚洲/太平洋地区的境外资产占境外资产总量的比例达 24.83%。

7.8　日本瑞穗金融集团

日本瑞穗金融集团是日本银行国际化的先行者之一，该行 2019 年在全球性银行 BII 排名中位列第 17 位，在日本银行的国际化排名中位列第二位。该集团在正式成立后的 20 年内，跟随全球经济发展趋势不断调整国际化战略，国际化水平在近十年基本呈现持续上升态势。

7.8.1　国际化背景

日本瑞穗金融集团作为一家国际化程度较高的跨国银行，在全球拥有相当规模的分支网络（900 多家分支机构），是亚洲最重要的银行之一。瑞穗金融集团于 2003 年 1 月 8 日由第一劝业银行、富士银行和日本兴业银行合并组成，总部位于东京，主要提供包括银行、证券、信托和资产管理、信用卡、私人银行和风险投资在内的金融服务。2019 年 7 月，《财富》世界 500 强排行榜发布，日本瑞穗金融集团位列第 350 位。

瑞穗金融集团在成立初期便具有相当高的国际化程度，一方面源于日本的地理区位优势：作为亚洲大陆东岸外的太平洋岛国，日本西、北与中国、朝鲜半岛、俄罗斯隔海相望，东濒太平洋，国际化地理优势明显。另一方面，日本在第二次世界大战后经济的恢复和扩张推动了该国银行的境外发展：20 世纪 70 年代，日本出口贸易猛增，对外投资兴起，刺激了日本银行的国际化；进入 80 年代，在金融管理自由化和日元国际化的推动下，日本银行国际化跨上新台阶；2008 年国际金融危机后，部分欧美跨国银行海外业务收缩，日本各家银行则抓住机遇，积极拓展海外业务，通过增设分支机构、积极参股控股的方式扩大对重点区域（尤其是美国和亚洲市场）的覆盖。

7.8.2　国际化历程

20 世纪初，在日本政府的极力推进下，第一劝业银行、富士银行和日本兴业银行合并组成日本瑞穗金融集团。之后，这一资产规模庞大的金融集团便利用自身混业经营的综合优势向海外扩张。其重要的国际化事件如下：

表 7-14　日本瑞穗金融集团国际化大事件

年份	事件
1999	岱池康约银行、富士银行、日本兴业银行同意合并成立瑞穗金融集团
2000	瑞穗控股有限公司、瑞穗证券股份有限公司、瑞穗信托银行有限公司相继成立
2002	岱池康约银行、富士银行、日本工业银行合并重组为瑞穗银行和瑞穗公司银行
2003	瑞穗金融集团正式成立，在中、韩、越、泰、英、美等国开设分行
2005	瑞穗私人财富管理有限公司成立，并于 10 月转为瑞穗金融战略有限公司
2006	在纽约证券交易所上市
2015	与澳大利亚贸易委员会签订合作协议 与苏格兰皇家银行就北美信贷组合收购达成一致 投产 Smart Folio 产品，在线提供信托咨询服务
2016	在美国设立银行控股公司 与软银合资成立 J. Score，开发融入人工智能和大数据技术的个人客户融资审核系统
2019	选定 smartTrade Technologies 为其提供电子外汇交易平台 与支付宝开展合作

资料来源：浙大 AIF，公开报道。

总体来看，瑞穗金融集团的国际化历程大致经历了三个重要阶段：

（1）以传统国际金融中心为核心市场的时期（1999—2007 年）：在此阶段，岱池康约银行、富士银行和日本兴业银行三家银行在政府的激励下合并成立瑞穗金融集团，并通过在各地建立分支机构的形式向外境外扩张。此时瑞穗金融集团的境外发展主要集中在两类市场：一是传统的国际金融中心，如伦敦、纽约、中国香港、东京、法兰克福、巴林及新加坡离岸金融市场；二是日本的主要贸易伙伴，如美国、加拿大，以及拉美、东南亚、西欧和中东的部分国家。

（2）加大对海外新兴市场开拓的时期（2008—2015 年）：国际金融危机

后，日本瑞穗金融集团抓住欧美跨国银行收缩海外市场的机遇，快速提升自身的国际化水平。该行重点拓展了美国和增长潜力较大的亚洲市场。2015 年，瑞穗金融集团在泰国成立第二个办事处，从而在亚洲搭建起一个更强大的经营网络；同年，该行与澳大利亚贸易委员会建立合作协议，加大对澳大利亚市场的拓展力度；2015 年，其就北美信贷资产组合的收购与苏格兰银行达成一致协议。

（3）注重国际数字金融业务的时期（2016 年至今）：数字浪潮兴起后，瑞穗金融集团也加大了对国际数字金融业务的投资力度，积极推动自身国际金融服务品质的提升。2015 年，瑞穗金融集团投产 Smart Folio 的产品，在线提供机器人投资信托咨询服务；2016 年，与软银合资成立 J. Score 公司，开发融入人工智能和大数据技术的个人客户融资审核系统；2019 年，选定 smartTrade Technologies 为自身提供电子外汇交易平台，并与支付宝合作，拓展海外移动支付业务；目前，该行正积极研发基于区块链技术的 J 货币。

7.8.3 国际化现状

从历史视角出发，日本瑞穗金融集团的国际化水平在国际金融危机后呈现出较为鲜明的提升态势（见图 7-10）。国际金融危机前，瑞穗金融集团的 BII 得分在 24 分上下；2009 年受国际金融危机影响，BII 得分下降 19.81% 至 20.01 分；之后逐步改善并持续上升，2019 年，该行 BII 得分为 35.20 分，相比 2006 年增长了 32.53%，近十年年均增长率为 6.48%。

图 7-10 2006—2019 年日本瑞穗金融集团 BII 得分

（资料来源：浙大 AIF）

从同行视角出发，瑞穗金融集团在日本银行中国际化水平较高（见表 7-13），2019 年 BII 得分（35.2 分）远超 4 家日本全球性银行均值（27.41 分）。

在 49 家全球性银行中，国际化排名位列第 17 位，BII 得分值为 TOP5 银行均值（57.59 分）的 1/2。可见在全球市场中，该行的国际化水平还有待提升。

从内部角度看，瑞穗金融集团拥有 783 家海外分支机构，覆盖 38 个国家和地区，尽管该行境外资产仅为其总资产规模的三分之一（截至 2019 年年末，瑞穗金融集团的境外资产为 6774.8 亿美元，同比增长 4.05%，占总资产的 32.47%），但其境外营业能力较强，境外营收规模（163.3 亿美元）超过境内营收规模。

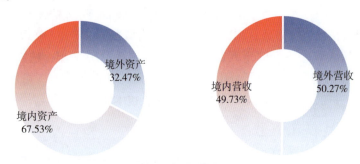

图 7-11　2019 年日本瑞穗金融集团境内外资产与营收占比

（资料来源：浙大 AIF，日本瑞穗银行年报）

7.8.4　国际化特色

日本瑞穗金融集团是日本的第二大金融机构，其经营业务覆盖面广，国际化程度高。纵览其国际化进程，可以总结出该行在国际化方面的一些经验与特点。

（1）把握天时地利人和，发挥多元化协同效应。1968 年，日本成为世界第二大经济实体，此后日元持续升值，国际地位和影响力与日俱增，为日本银行的海外发展提供了良好的基础；20 世纪 80 年代，欧美国家外资监管政策放松，对日本银行进入没有更多限制，为银行的境外发展提供了较大便利。而作为日本第二大金融集团，瑞穗金融集团有较强的客户关系优势和资源优势，且在对亚太地区市场的拓展上有天然的地理优势。

（2）强调重点发展区域，整合资源减少成本。日本瑞穗金融集团在初期建立银行分支机构的过程中，有两个较为明显的市场倾向：国际金融中心和主要贸易伙伴国，既巩固了集团与日本传统企业的关系，也有利于充分利用国际金融市场的优势。后续快速发展时期，该集团也更多地将拓展重点集中于亚太新兴市场，注重资源整合，减少扩张成本。

（3）设立分支与跨境并购并重。2003 年以来，瑞穗金融集团在世界各地建立分支机构的同时，也开展了更多的跨境并购，以帮助解决银行内国际化人才匮乏、技术水平落后和产品创新能力不足等问题，帮助集团在国际化的质量上进一步提升。

7.9　法国巴黎银行

法国巴黎银行拥有较高的国际化水平，该银行 2019 年在全球性银行中的 BII 排名为第 11 位，在本报告测算的 5 家法国银行中，国际化排名第一位。巴黎银行在国际化发展中既大量采用了跨境并购手段拓展海外市场，又积极顺应欧洲一体化与全球数字化浪潮提升国际化水平。

7.9.1　国际化背景

法国巴黎银行（BNP Paribas）正式成立于 2000 年，由两家法国商业银行——巴黎国民银行（BNP）和巴黎巴（Paribas）银行合并而成。其中，巴黎国民银行在合并前便在欧洲大陆和亚洲有较高的声誉，巴黎巴银行则在英国和美国市场较有名气，两家银行的国际市场具有较强的互补性，这也使得法国巴黎银行一经成立便拥有了广泛的国际市场。在正式成立后，法国的国际地位和众多跨国公司均为巴黎银行进一步的国际化发展提供了良好基础：一是法国为欧盟创始国之一，欧元区的建立以及欧洲一体化进程的推进，促使欧洲国家之间的资本流动更为便利，有利于巴黎银行进一步扩大欧洲市场；二是法国拥有众多强大的跨国公司，其分公司和业务遍布全球，经营过程中存在较大的融资需求，这便有利于法国巴黎银行追随跨国公司和银行客户的足迹推进国际化业务。截至 2020 年 3 月，法国巴黎银行的业务已遍及全球 71 个国家和地区。

7.9.2　国际化历程

自 2000 年正式成立以来，法国巴黎银行国际化发展的典型事件如下：

表 7-15　法国巴黎银行国际化大事件

年份	事件
2000	法国巴黎国民银行和巴黎巴银行合并，法国巴黎银行正式成立
2001	收购美国的美西银行
2002	在俄罗斯、阿尔及利亚设立分支机构

续表

年份	事件
2003	在中国上海设立分支机构
2005	收购土耳其经济银行 TEB
2006	收购意大利国民劳动银行 BNL 调整业务组织构架，国际零售成为独立板块
2007	在新兴国家开设 180 家新分支机构
2009	收购富通银行在比利时及卢森堡业务
2010	调整业务组织构架，合并国际零售银行板块和法国零售银行板块
2011	推出"欧洲企业发展唯一银行"（One Bank for Corporates in Europe）计划
2013	收购比利时政府所持其当地消费银行子公司 BNP Paribas Fortis 25%的股权 推出欧陆首个 100%数字移动银行 Hello Bank，在法国、德国、比利时、意大利上线
2014	收购荷兰合作银行波兰分支机构 BGZ Bank、德国数字公司 DAB 银行、波兰 Bank BGZ
2017	收购波兰 Raiffeisen Bank Polska
2018	收购荷兰银行（卢森堡）及其全资子公司荷兰银行人寿股份
2020	与中国投资公司、法国欧瑞泽基金集团 Eurazeo 共同承销的中法合作基金首次以 4 亿欧元的价格收盘

资料来源：浙大 AIF，公开报道。

总体来看，法国巴黎银行的国际化历程大致经历了四个不同的阶段：

（1）合并与收购整合时期（2000—2004 年）：2000 年，法国两大商业银行合并后，法国巴黎银行集团宣布正式成立，并以"为变化的世界而存在的银行"定位自身。2001 年，法国巴黎银行收购美国的美西银行，迅速扩大美国市场。此后法国巴黎银行进入合并与收购的整合时期，在当时全球经济环境并不十分乐观的情况下，良好的并购整合为该行带来了持续的正面效应，使其实现了快速增长，并逐步扩大海外市场。

（2）国际化快速发展时期（2005—2009 年）：一方面，法国巴黎银行于2006 年调整了业务组织架构，由原本的公司与投行、零售银行、资产管理与服务这三大板块，调整为公司与投行、法国零售银行、国际零售银行、资产管理与服务四大板块，将国际零售板块独立了出来。另一方面，法国巴黎银行进一步扩大了在其他国家和地区的分支布局，并通过连续收购多个历史悠久的银行——2005 年收购土耳其经济银行、2006 年收购意大利国民劳动银行、2009年收购比利时富通银行和卢森堡 BGL 银行，来不断扩大规模、增强实力。2009 年，法国巴黎银行的境外营收额达 263.67 亿欧元，是 2005 年 97 亿欧元的 2.7 倍。

（3）专注欧洲区域发展时期（2010—2012 年）：2010 年，法国巴黎银行再次进行大规模的组织架构调整，合并国际零售银行板块和法国零售银行板块，将整个集团重新划分为零售银行、公司与投行、投资业务三大板块。2011年，巴黎银行推出面向欧洲和跨国公司客户的 One Bank for Corporates in Europe 计划，涵盖了该行在 23 个不同国家 150 个商业中心 1700 名客户经理的业务网络，旨在让企业客户通过单一的联系点访问法国巴黎银行在欧洲各地的银行服务。与此同时，法国巴黎银行通过与富通银行业务的进一步整合增强了其在比利时和卢森堡市场的竞争力。2012 年，该行在欧洲区域的营收额达到了银行总营收的 77.56%。

（4）境外业务数字化转型时期（2013 年至今）：2013 年，法国巴黎银行在德国、比利时、法国、意大利四个国家推出欧洲第一家 100% 数字移动银行 Hello Bank，开启数字银行新模式。随后其在保加利亚推出存款账户数字平台，欲成为当地在线存款领域的市场领头羊。2016 年，法国巴黎银行提出"2020计划"，数字化转型是该计划的三大战略轴之一，巴黎银行计划在 2017—2020年共投资 27 亿欧元用于数字化转型。截至 2019 年年底，法国巴黎银行已在全球拥有约 1360 万位数字客户。

7.9.3　国际化现状

法国巴黎银行的国际化自成立以来便始终处于较高水平。从近十五年的发展来看，该行国际化水平变化不大，呈现平稳浮动态势（见图 7-12）。正如前文所述，2005—2009 年是法国巴黎银行的国际化快速发展时期，2009 年之前，

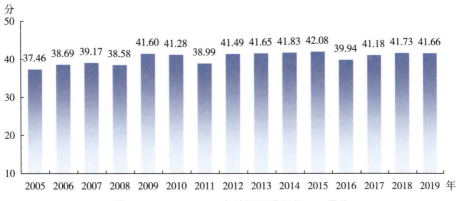

图 7-12　2005—2019 年法国巴黎银行 BII 得分

（资料来源：浙大 AIF）

法国巴黎银行的 BII 水平均不足 40 分，2009 年，其 BII 得分达到 41.60 分，同比上涨 7.81%。此后法国巴黎银行的 BII 得分基本保持在 40 分以上，除了 2011 年和 2016 年有所回落之外，整体波动幅度不大。

从同行视角出发，法国巴黎银行在法国的 5 家银行中国际化水平小幅领先，其他银行紧随其后。2019 年巴黎银行 BII 得分值（41.66 分）高出第二名法国兴业银行 BII 得分值（39.19 分）6.3 个百分点。与此同时，法国巴黎银行在 49 家全球性银行中，国际化排名第 11 位，BII 得分值约为 TOP5 银行均值（57.59 分）的四分之三。

表 7-16　2019 年法国巴黎银行及其他代表性银行 BII 情况

项目	银行名称	BII 得分	全球性银行排名
全球性银行国际化 TOP5	渣打银行	62.71	1
	汇丰银行	59.16	2
	西班牙国际银行	57.92	3
	花旗银行	54.92	4
	荷兰国际银行	53.23	5
	均值	57.59	
法国银行国际化 TOP5	法国巴黎银行	41.66	11
	法国兴业银行	39.19	13
	法国农业信贷银行	30.53	20
	法国 BPEC 银行集团	21.73	27
	国民互助信贷银行	14.12	31
	均值	29.45	

资料来源：浙大 AIF。

从内部视角出发，法国巴黎银行的境外资产积累呈现周期性波动上升趋势，境外营收逐步上升，全球布局广泛。截至 2019 年年末，法国巴黎银行的境外资产为 4420.55 亿欧元，同比增长 4.55%，占总资产的 20.42%；同年境外营收规模 305.59 亿欧元，同比增长 5.84%，占总营收规模的 68.52%。

7.9.4　国际化特色

法国巴黎银行一经成立便拥有了广泛的国际市场，该行十分善于利用跨国并购来扩大境外规模，且积极顺应欧洲一体化和全球数字化浪潮，结合时代特色有所重点地调整国际化方向。

（1）利用跨国并购拓展境外市场。法国巴黎银行创立后陆续收购了多个境外银行，包括美国美西银行、土耳其经济银行、意大利国民劳动银行、富通银行等。跨境并购不仅可以带来大量客户，也能够通过被收购银行的境外分支形成更为广泛的网络布局，法国巴黎银行便通过一系列的跨境收购迅速成为具有全球影响力的欧洲集团之一。

（2）顺应欧洲一体化浪潮深挖欧洲市场。法国巴黎银行在国际化进程中十分重视欧洲市场，欧洲市场的总资产、营业收入、雇员数都占到了全行的70%以上。欧洲各国文化、传统、生活习惯较为接近，许多国家有共同的利益诉求，欧洲一体化进程也在持续推进。因此，法国巴黎银行将欧洲作为主要战略市场可以获得较小的扩张阻力和较大的协同效应。

（3）数字化转型连接全球客户。法国巴黎银行自 2013 年起，越来越重视数字化发展，并在数字化转型的基础上推进国际化发展。该行 2013 年推出的"Hello Bank"和 2016 年提出的"2020 计划"均是其加速数字化转型的重要助力，旨在帮助客户更加方便地获得银行服务，增加银行吸引全球客户的能力。

7.10 德意志银行

德意志银行是德国最大的银行，也代表了德国银行国际化的最高水平。该行 2019 年在全球性银行的 BII 排名中位列第 9 位，该行的国际化发展既受到了本国历史的影响，又体现了近年来全球化与逆全球化的交锋。

7.10.1 国际化背景

德意志银行是德国最大的银行和世界上最主要的金融机构之一，自 1870 年成立后，该行通过在海外设立分支机构和跨境并购等形式推动自身的国际化水平在短期内迅速提升，并逐渐成为涵盖吸收存款、借款、公司金融、银团贷款、证券交易、外汇买卖和衍生金融工具、结算业务、发行证券、处理信用证、保函、投标和履约保函并安排融资等业务的全球性银行，在 2019 年 7 月发布的 2019《财富》世界 500 强企业中位列第 239 位。

7.10.2 国际化历程

德意志银行的国际化历程与其定位的转变息息相关，成立 100 多年以来，其国际化发展的典型事件如下：

表 7-17　德意志银行国际化大事件

年份	事件
1870	德意志银行在柏林成立
1872	在中国上海、日本横滨成立分支机构
1876	收购柏林银行协会、德意志联合银行
1892	成立慕尼黑分行
1917	与西里西亚银行协会和 Norddeutsche Creditanstalt 合并
1945	关闭在柏林的总部和苏占区的所有分支机构
1957	合并三个机构组成德意志银行
1973	在英国伦敦、俄罗斯莫斯科开设代表处
1976—1979	相继在伦敦、东京、巴黎、布鲁塞尔、安特卫普、纽约、香港、米兰、马德里设立分支机构
1989	收购英国摩根·格伦菲尔集团
1993	收购马德里银行
1998	收购比利时里昂信贷银行
1999	收购美国银行家信托银行
2004	在中国北京设立分支机构
2006	在阿联酋迪拜、沙特利雅得设立分行
2006	收购柏林银行、挪威银行

资料来源：浙大 AIF，公开报道。

总体来看，德意志银行的国际化历程大致经历了三个不同的阶段：

（1）以本土市场为主、国际市场为辅的扩张时期（1870 年至 20 世纪 30 年代）：德意志银行在成立初期更加关注本土市场，除早期在中国上海、日本横滨、英国伦敦等地开设分行外，主要通过大量的并购活动扩大本土规模与影响力：1876 年，收购柏林银行协会和德意志联合银行；1914 年，收购 Elberfeld 的 BergischMarkische 银行及其在莱茵兰—威斯特伐利亚工业区的分支机构；1920 年，收购汉诺威银行、布伦瑞克私人银行和哥达私人银行；1927 年，收购吕贝克私人银行；1928 年，收购 Hildesheimer 银行；1929 年，与其最强大的竞争对手 Disconto Gesellschaft 合并。

（2）受两次世界大战影响的发展时期（20 世纪 40 年代至 20 世纪 60 年代）：1945 年第二次世界大战结束后，德国经济遭受严重打击，进入了漫长的恢复阶段。与此同时，德意志银行被分成了十家银行，直至 1957 年再次合并。

（3）国际化逐步拓展时期（20 世纪 70 年代至今）：随着德国经济的逐渐

恢复，德意志银行再次展开其国际化布局，先后在英国、美国、中国、法国、日本、俄罗斯等国家设立分支机构，并于 20 世纪末连续收购英国摩根·格伦菲尔集团、马德里银行、比利时里昂信贷银行、美国银行家信托银行，国际化水平逐渐提升。

7.10.3　国际化现状

从第二次世界大战结束后的发展来看，德意志银行的境外发展是有显著提升的，但该行在近十年的国际化水平则有明显下降。2008 年，受国际金融危机影响，德意志银行的境外营收大幅下滑，BII 得分迅速由前一年的 63.97 分下跌至 52.54 分，跌幅达 17.93%。尽管之后有所回升，但平均得分仍集中在 55 分上下。2016 年后，该行国际化战略进一步调整，BII 指数持续下降，2019 年为 46.28 分，降幅达 10.05%。

图 7-13　2005—2019 年德意志银行 BII 得分及其变化率

（资料来源：浙大 AIF）

报告仅选择了德意志银行一家德国银行进行国际化分析，该行基本代表了德国银行国际化的最高水平，且在全球性银行国际化排名中高居前十（第 9名），2019 年 BII 得分 46.28 分，相比于全球性银行国际化 TOP5 均值（57.59分）仍有进步空间。

7.10.4　国际化特色

德意志银行的国际化在一定程度上受到了世界政治、经济大势的较大影响。

（1）受世界大战影响国际化大规模扩张较晚。德意志银行成立于 1870 年，初期以本土市场为发展重点，后经历了两次世界大战，在 20 世纪 40—50 年代经历了拆分与重组，直至 20 世纪 70 年代，才开始大规模海外扩张，相比其成立时间而言，国际化的发展较晚。但其崛起速度较快，截至 2019 年，德意志银行已在全球 59 个国家设立了 1931 个分支机构，布局涵盖亚洲、非洲、欧洲及美洲。

（2）受国际金融危机影响国际化战略布局收缩。2008 年国际金融危机对德意志银行的经营造成了较大影响，其业务重心也在逐渐侧重本土，这从其国际化指数的稳步下降中便能窥得一斑（见图 7-13）。当然，近些年来的英国脱欧、中美贸易摩擦、新冠肺炎疫情等事件为金融机构的全球化带来了更多挑战，许多金融机构开始回归本土，德意志银行也是其中代表之一。

风云渐起　图之未萌

Will De-globalization Disrupt
Banks' International Expansion?

　　银行是当前全球金融格局的重要组成部分，银行国际化，就银行自身而言，可以拥抱更为广阔的国际市场、寻求多样的利润来源；就国家而言，可以登上制定国际经济秩序与规则的世界舞台、争取金融话语权；就全球而言，则极大助推了经济全球化和金融全球化。正因为如此，在世界经济变迁与中国金融改革中，浙江大学互联网研究院国际金融研究室积极推出"银行国际化系列报告"，连续六年发布银行国际化指数最新成果。今年，系列报告推出最新成果：《风云渐起　图之未萌——2020 全球银行业国际化报告》，探讨世界百年未有之大变局下的全球银行业国际化发展与表现。

　　报告的顺利完成得益于全体课题组成员的不懈努力，也离不开国际金融研究室专家团队的鼎力支持。来自高校与金融业界的众多专家为本次研究和报告提供了专业化的指导，并提出了建设性的意见。此外，中国建设银行苏州分行副总经理陆高飞、浙江大学管理学院博士研究生罗曼同学对报告的发布亦多有支持。值此报告付梓之际，谨代表全体课题组成员，对专家成员以及对本次研究及报告提供支持的其他单位和个人表示诚挚的感谢！

　　最后，需要说明的是，任何数据的归纳与分析均无法尽善尽美，我们希望能够通过课题组成员的努力发掘全球银行的国际化脉络，但各家银行的统计口径、财务年度、汇率处理不尽相同，加之课题组的学术水平仍有待提高、研究时间较为有限，报告仍然存在许多不足之处，欢迎社会各界批评指正，以帮助我们的报告进一步修改完善，为银行国际化、金融国际化的发展贡献绵薄之力。

关于我们

- 浙江大学国际联合商学院

浙江大学国际联合商学院（Zhejiang University International Business School，ZIBS）充分利用长三角一体化、一带一路等战略机遇，实施以浙大为核心的多机构、多学科、多层次的伙伴合作战略，打造全球化、数字化和生态化的未来商学院。立足多元化经济核心地区，ZIBS 秉持国际（International）、跨界（Interdisciplinary）、创新（Innovative）、开放（Inclusive）、融合（Integrative）的办学理念。ZIBS 聚焦新金融、新零售、新技术、新产业及新市场等领域的商学研究和人才培养，致力于成为教学、科研和社会服务等各领域的未来全球商学生态系统建构者，以带动浙江大学及中国商学学科的整体发展，主动服务国家战略。

ZIBS 目前设有工商管理（iMBA）、金融硕士（iMF）、中国学（MCS）三个硕士专业和全球传播与管理学士（GCM）一个本科专业。

- 浙江大学互联网金融研究院

浙江大学互联网金融研究院（Academy of Internet Finance，AIF）是中国首个立足于学科体系发展的互联网金融研究院，汇聚五个学院的研究力量开展跨学科研究；以互联网金融、金融创新、新金融监管与制度设计、大数据处理、云平台建设、风险评估、风险监控等为研究重点，致力于成为引领国际的中国新金融智库和培养互联网金融人才的世界级基地。此外，作为浙江互联网金融联合会/联盟的联合理事长单位和全国金融标准化技术委员会互联网金融标准工作组的首批成员单位，AIF 积极助力互联网金融行业健康发展。

浙大 AIF 国际金融研究室立足于当前中国金融改革与创新的时代背景，对金融行业、金融市场、金融人才的创新与开放发展进行深入研究，挖掘金融改革与开放的深层意义，思索金融创新的实现道路，以学促研，以研促改。

- 浙江大学金融研究所

浙江大学金融研究所（Institute of Finance Research，IFR）成立于 1999 年12 月，是专注于研究宏观金融理论与政策、金融市场与资产配置、公司金融与风险管理、商业银行与小微金融的非营利性学术研究机构和金融专业智库。2000 年以来出版学术著作教材 12 部，发表各类学术论文 200 余篇（其中国际重要期刊与国内一级以上期刊 30 多篇），完成国家级省部级等课题研究 12 项，获省部级各类成果奖 10 多项。本所十分注重理论与实践的结合，"知行合一"可谓本所一大特色，与国内外研究机构和国内大多数金融机构建有研究合作与联系。

银行国际化系列报告

序号	报告名	发布时间	地点	链接
1	2015 中资银行国际化报告	2015 年 9 月 20 日	北京	http：//www. aif. zju. edu. cn/news/detail/118. html
2	2016 中资银行国际化报告——对标国际一流	2016 年 9 月 28 日	北京	http：//www. aif. zju. edu. cn/news/detail/332. html
3	百舸争流——驰骋国际市场的中外资银行	2017 年 9 月 23 日	北京	http：//www. aif. zju. edu. cn/news/detail/404. html
4	In Pursuit of Presence or Prominence? ——The Prospect of Chinese Banks' Global Expansion and Their Benchmarks	2018 年 8 月 20 日	线上	https：//mp. weixin. qq. com/s/vYcd9nKloPLgYjFk3UO7PA
5	本土化还是国际化——2018 全球银行国际化报告	2018 年 9 月 26 日	北京	http：//www. aif. zju. edu. cn/news/detail/611. html
6	顺时而谋　十年一剑——2019 全球银行业国际化报告	2019 年 10 月 25 日	上海	http：//www. aif. zju. edu. cn/news/detail/1497. html
7	风云渐起　图之未萌——2020 全球银行业国际化报告	2020 年 10 月 30 日	澳门	https：//mp. weixin. qq. com/s/xjU3BHROjH7TtUMXh79xBg

● 更多资讯，敬请联络

浙大 AIF

顾月

电话：+86-0571-88208901

电邮：guyue9401@ zju. edu. cn